マナーと作法の人間学

矢野智司 編著

東信堂

まえがき

一五〇年ほど前まで、今日「教育」と呼ばれることの大半は、読み・書き・そろばんを除けば、行儀作法と礼儀作法を教えることだった。むしろ人口の多くの割合を占める農民にとっては、読み・書き・そろばんよりも、同じ共同体で生きる仲間に笑われることのないように世間の作法を身につけることのほうが、一人前の構成員となる上できわめて重要な課題であったし、まして細かい上下関係に制約されていた武士や町人にとっては、礼儀作法を学ぶことは、不可欠なことがらであった。秩序は細かな作法(型)によって暗示的明示的に維持されていたため、不作法であることは人物の評価全体にかかわることであった。そのため、すでに江戸時代から、礼儀作法についてのマニュアル本は、ベストセラーだった。

明治維新は、座礼を中心とした封建的な礼儀作法を時代遅れのものにしたが、今度は「文明開化」の名の下に、西洋式立礼の「マナー」を身につけていることが、文明化された立派な人物であることの証となった。それ以後、私たちは、私たちの立ち居振る舞いが、欧米人の目にどのように映っているのかに絶えず関心をもち、恥ずかしくないように、マナーを向上させるべく励んできた。そのことは今日でも変わらない。現在でもマナー書の多くは、欧米人の目を意識したレトリックであふれている。

一見すると学校教育は、礼儀作法の教授はもとより、マナーの教育にもそれほど関係していないように思えるかもしれない。しかし、生徒指導や生活指導の多くの部分が、服装や髪型、あいさつや言葉遣い、立ち居振る舞いにかかわることであり、教師が学校・教室で生徒や学生を前に腐心することの多くのことがらが、このマナーや礼儀作法にかかわることであることを思い浮かべれば、その重要度は過去に比べて、それほど低下しているわけではないことが理解できるだろう。しかし、いまマナーと礼儀作法について、改めて教育学の立場から考察する理由は、これだけではない。法と道徳の中間に位置するマナーの教育は、「規律訓練」や「道徳教育」と結びつつ、今日の教育において周辺的なものにとどまってはいない。学校での国家的儀礼が強化されるなかで、儀礼としての作法がもつ問題点とは何か、あるいはいじめ・体罰・校内暴力のような学校空間での秩序の揺らぎのなかで、暴力や差別を抑止する秩序形成としてのマナーや作法とは何か、と問いはじめると、今日の教育を考察する上でのマナーと礼儀作法とを考えることの必要性と緊急性とが浮かび上がってくる。

さらにマナーと礼儀作法には教育学の課題として問うべき理由がある。それというのも、マナーや礼儀作法は、社会的関係における秩序形成の機能にとどまらず、そのような秩序自体を超え出て、既成の秩序を新たなものへと作り直す法外な出来事でもあるからだ。たとえば、ありふれた行為である「あいさつ」は、人間関係を円滑にするための社会的な交換などではなく、聖なるものに向けての贈与ではないかと考えた途端に、何か得体の知れない法外な事象となる。人はなぜあいさつをするのか、なぜマナーを守らなければならないのか、この問いに答えることは、それほどたやすいことではないことに気がつくだろう。そして、そのことに答えようとする試み自体が、新たな人間と社会の形を示すことに、そして新たな教育の姿を示すことにつながっていくはずだ。それにもかかわらず、不思議なことに、マナーと礼儀作法を、教育学的に包括的に考察した教育学的研究は、これまでなかった。

私たちは、このような教育学におけるマナーと礼儀作法の研究の重要性を明らかにし、その社会的事象として現状や諸相を詳述し、そして、そのような社会的事象を超え出る出来事を捉えるための思考を提示するとともに、さらにそれらに反省を加えるためのより原理的で包括的な研究手法の構築を目指した。この一連の研究成果は、『マナーと作法の人間学』と『マナーと作法の社会学』の二冊として結実した。本書はこの研究のなかで、教育人間学にかかわる研究論文を集めたものである。以下、本書の構成をシンプルに述べておこう。

矢野智司による「第一章　マナーと礼儀作法の人間学の再定義に向けて―儀礼論から贈与論へ」は、社会学と人間学を架橋しつつ、マナーと礼儀作法を包括的に考えるための学説史構築に向けての試論である。マナーと礼儀作法を包括的に捉える上で、最も重要と考えられる研究は、デュルケームが宗教社会学で論じた儀礼論である。デュルケームの儀礼論は、社会的秩序の形成に重きがあり、儀礼や礼儀作法が身分差や階層差を生み出していき、社会構築していく側面を捉えるには大きな力を発揮する。しかし、それでは共同体の外部から来る他者に差し出されるマナーを捉えるときには、むしろこの法外な出来事の性格をつかみ損ねてしまう。デュルケームの儀礼論から、ジンメル・ゴッフマンの社交論、デリダ・レヴィナスの贈与論へといたる学説史の系譜を提示することで、本章の議論は、本書のみならず『マナーと作法の社会学』にわたる諸理論を展望するための見取り図ともなっている。

櫻井佳樹による「第二章　近代西洋社会におけるマナーと社交性」は、マナーが近代西洋社会に成立した概念と現象であることを、歴史的に解明しようとする。エリアスの「文明化」をめぐる議論を手がかりに、マナーが近代西洋の身分制社会のなかで階層差を自ら意識し、他の階層に属する者にその差を意識させる「差異化」の装置として機能したことを、具体的な歴史的事象をあげながら明らかにしている。とりわけ啓蒙期ドイツにおける「文明化」としてのマナーの発展を、カントの『教育学講義』や、あるいは日本ではそれほど知られていないクニッゲの『人間交際術』などのテクストを提示しながら論じているところは、従来の研究に見られない論点である。さらに櫻井は、同時期のドイツでのシュライアーマッハーの社交についての論考、ならびに社交を論じたジンメルの著作を手がかりに、「差異化」を明示するマナーではなく、むしろ「差異化」を否定する「社交」という自由な交わりにおいてマナーの新たな展開があったことを指摘している。そうすることで、マナーの問題に「文明化」では捉えきれない側面があることを明らかにし、今日のマナー問題の所在を歴史的に論述している。

鳶野克己による「第三章　あいさつと超越性―祈りとしてのあいさつのために」は、毎日のように繰り返されている「あいさつ」という行為に、超越性の議論から新たな光を当てようとするものである。日々繰り返されているため、その重要性には気がつかないが、「あいさつ」は生の超越性に触れる営みであり、経済的合理性を超えた人間の「祈り」の問題とかかわる事象である。そして「祈り」は、「あいさつ」の超越性が際立った形であらわになる営みとして位置づけられる。現行の指導要領には、「礼儀正しさ」の大切さが明記されており、学校教育においても重視されているにもかかわらず、その「礼儀正しさ」の大切さは、社会生活が円滑にいくための手段と見なされ、水平の社会関係に回収されるものでしかない。鳶野は儀礼論に立ち返り、そこからあらためて「あいさつ」に宿る超越性を明らかにするにとどまらず、さらに学校教育での生き生きとして新鮮な「あいさつ」の教育の新たな在り方を提案している。

矢野智司による「第四章　世界市民の作法としての歓待と弔いのマナー——和辻哲郎の『土下座』を通して」は、やはり「あいさつ」の問題と関係している。京都学派の哲学者和辻哲郎の倫理学を批判的手がかりにしつつ、風土に根ざした仲間内の「型」の作法ではなく、共同体の外部の他者に向けた倫理の「形」の可能性を世界市民の作法として論じたものである。和辻は、風土の厚みのなかで人間が育んできた作法の奥行きを教えてくれる哲学者だが、その作法は同胞へと向けられたものであって、仲間以外のものへは届かないものであった。和辻はそのことに気づきながら、この問題を問題として捉え損ねてしまったことを指摘している。この問題は他者への絶対の歓待と弔いの問題である。この歓待の

「こんにちわ」と弔いの「さようなら」とは、第三章の鳶野の「あいさつ」の問題と呼応している。今日における他者に対する世界市民の倫理的課題として、マナーと作法ついて論じている。

岡部美香による「第五章　マナーと礼儀作法による『公共の場』の創生」は、一見するとマナー違反とも思える事象を手がかりに、マナーの本質に肉薄しようとする考察である。岡部は、準拠集団のヒエラルキーへの適応というべき「世間」での「日常生活の安心を得るための作法」と、連歌や茶の湯に代表される「無縁の場」などでの「日常生活の安定をずらすための作法」とに分け、この両者の働きによって、マナーと礼儀作法は、人間関係や人間とものとの関係を再活性化してきたことを明らかにしている。しかし、この「世間」も「無縁の場」も現在の日本社会では失われている。そのような状況のなかで、マナーや礼儀作法が守られない際にずれを感じるとき、そのずれを媒介にして、人と人とが新たに「公共の場」を創生する可能性に開かれているのだという。もとよりこれはたやすいことではないが、このずれを媒介にして「公共の場」を創生する際にも必要とされる作法があることを指摘している。この作法を生み出す作法の指摘は重要である。

毛利猛による「第六章　中学校におけるマナー問題と『粋(いき)』」では、実践的な立場からマナーの教育の新たな可能性が論じられている。毛利は高校で教師を経験しており、また香川大学教育学部附属高松中学校の校長を歴任している。ここでは校長職時代の五つの講話を手がかりに、中学校での具体的なマナー教育の可能性を示している。毛利は中学生にマナーを守ることの意味を改めて問いつつ、損得関係に回収できないマナーの不思議さを提示する。さらに「生き方の美学」として「粋（いき）」について論じる。雨の日に狭い路地で互いに少しだけ外側に傾けるという「傘かしげ」などの例を引きながら、「江戸しぐさ」が「粋（いき）」な「生き方の美学」の現れであったことを指摘し、義務としての人への心遣いとしてではなく、クールでかっこよい「生き方の美学」としてマナーを勧めている。私たちは、マナーの教育といえば、ともすれば規律のように外から押しつけるか、あるいは「やさしさ」といった内面に重点を置きがちだが、美的であることによる自己の規制というこれまでにない側面を明らかにしており興味深い。

第一章の学説史研究、第二章の歴史学的研究、第三章・四章・五章の原理的研究、そして第六章の原理を踏まえた教育実践の記録と省察……それぞれの議論は、細かにつきあわせてみれば、互いに共通しているところもあれば、矛盾したりあるいは場合によっては反対の評価であったりもする。しかし、それは互いの議論のうちのどちらかが正しく、どちらかが間違っていると言うことではない。マナーや礼儀作法が、単なる社会的な慣習や約束事といったものではなく、もっとダイナミックに今日の私たちの生き方を規制しつつ、法外な生の可能性を開く出来事でもあるからである。だからこそ、教育事象として、改めて問い直す必要があるのである。それではまず学説史的にマナーと礼儀作法の課題と理論の地図を提示しておこう。

矢野　智司

マナーと作法の人間学／目次

マナーと作法の人間学

第一章 マナーと礼儀作法の人間学の再定義に向けて
──儀礼論から贈与論へ

矢野 智司（京都大学）

❶ 超ルールとしてのマナー

「マナー」という言葉には、身に合わない洋服を無理矢理に着せられているような違和感がある。「マナーを守ろう」という標語もうさんくさくて好きにはなれない。しかし、マナーが今日において重要な人間学的社会学的な主題であることにはかわりはない。マナーには考えれば考えるほど一筋縄では捉えきれない矛盾した性格がある。さらにそこには、人を人たらしめている中心的な主題が、あるいは人が人と交わるうえで直面する本質的な思想的課題が含まれているように思える。

つぎのように言ってみる。マナーが生起するためには、同時にマナー違反が生起する自由がなければばならない。このように言えば逆説的に聞こえるかも知れないが、具体的な例を考えればわかることだ。マナー違反をなくそうと思えば、マナーを明示的な行為のルールに変えることである。例えば、車両のすべての座席を優先座席にしてしまい、必要な人に対して席を譲ることを法として義務化すれば、マナーの違反はなくなる。残るのはルールの違反である。しかしそうすると、私たちはルールは守らなければならないという社会的義務にしたがってしか、席を譲ることができなくなる。席を差しだすという他者への無償の贈与であったはずのマナーは、自発的な行為ではなくなる。マナーを発揮することと自体が不可能になる。私たちには、したがわなくてもよい自由があるからこそ、マナーを発揮することができるのだ。つまり、したがうこともできれば、したがわないこともできるからこそ、マナーは生起することができる。マナー違反が起こる条件が同時にマナーの生起する条件なのである。したがってマナー違反は原理的にはなくならないのだ。

以前にマナーについて考えたとき、マナーとは道徳と法の中間に位置づく「準ルール」であり、この両者と関係しつつ独自の領域を形成しているという定義を考えてみた(矢野　二〇〇八)。この「道徳と法の中間に位置づく準ルール」という中間性にこそマナーの謎がある。しかし、この「準ルール」という用語は、道徳にも法にもならない一歩手前の、そして重要性においても一段低い規範のような印象を与える。本書での議論からも明らかなように、マナーは暗黙の慣習的なルールとして道徳や法よりも身体に深く根ざすとともに、同時に道徳や法のような共同体の義務を超えてもいる。マナーは、ケアの行為がそうであるように、仲間か否かに関わりなく「他者」に対する態度を意味する。そのように考えるなら、マナーとは一方ではルール未満であるが、他方では共同体のルールを超えるものでもある。マナーは「準ルール」であるだけではなく「超ルール」でもある。

本書は、マナーのもつ「準ルール」と「超ルール」としての両義的な性格、ルールではないにもかかわらずルールであり、しかも共同体のルールを超えるという在り方に、さまざまな具体的事象や方法を通してアプローチしたドキュメント集といえる。本章では、社会学の古典的研究からはじまり人間学の思想的先端部へと横断することで、メタ論的観点からマナーという問題圏を捉え直してみる。そうすることで、あらためて本書に登場する諸理論の相互関係とそれらの理論の背景となる人間学的社会学的な課題を整理し、マナーの問題群を再配置するとともに、今後のマナー研究の方向を探りたい。

❷ 儀礼論を中心としたマナー研究の系譜

(一) マナーの儀礼的性格

私たちが本書で問うている広義のマナーには、公共空間でのマナーのみならず、冠婚葬祭の儀礼的作法やテーブル・マナーのような礼儀作法が含まれている。儀礼的作法については、起源として、宗教的儀礼との関係を問う必要がある(鳶野論文・矢野論文参照)。本書では宗教的儀礼は社会学的文脈においてはほとんど論じられていないので、いま少し詳しくその理論的地平について論じておく必要があるだろう。しかも、以下で明らかになるように、宗教的儀礼の探究からはじまる儀礼論は、広義のマナー問題をトータルに捉えるうえで最も有力な理論系の一つである。

この主題を社会学で体系的に論じたのはデュルケームである。デュルケームは『宗教生活の原初形態』(一九一二年)において、主にオーストラリアのトーテム研究を手がかりに宗教の社会学を論じるなかで、宗教的生活の根本現象として「聖」を取りあげている。聖なる存在とは禁止によって保護され分離された存在である。このシンプルな定義は、聖なるものの性格をきわめて明確に示している。聖は俗から注意深く分離されなければならない。宗教的儀礼とは聖なる存在にたいして人がどのように振る舞うべきかを規定した行為の基準であるが、その機能とはまずこの聖と俗との接近と混淆とを防止して、お互いが他を犯すことを防ぐことにある。そのため儀礼はタブー(禁止)というかたちをとってネガティブな側面において機能する。名指すこと、見ること、触れること、近づくことといったことが忌避される。聖物への接触は厳格に禁忌されており、そのような事態が生じると涜聖とされるのである。このような儀礼によって形成される体系を、デュルケームは「消極的儀礼」と呼んでいる。

しかし、聖なるものとの関わりは、このような消極的な儀礼には収まらない。宗教的生活では、他方で、人々は聖なるものとの間に、聖性を犯すことなく、霊的交流を求め自己を聖化するというポジティブな関係を打ち立てようともする。例えば、供犠の晩餐で人々は食物を介して聖なるものとのコミュニオン(交霊)を実現しようとするのである。祝祭において喜ばしい感情はどこまでも高揚し、社会全体に沸騰した状態を生みだす。このようにして社会の道徳的意識は活性化され、構成員はそこから大きな力を得ることができるのである。このような聖なるものへと接近する儀礼の体系を、消極的儀礼に対して、「積極的儀礼」と呼んでいる。そして、宗教的儀礼とは、この消極的儀礼と積極的儀礼によって緊密に構成された体系である。断食や沈黙といった禁欲主義的な礼拝は消極的儀礼に分類され、供犠や祝祭や祈りは積極的儀礼に分類される。禁欲的な消極的儀礼によって俗から離脱することで自身を聖化し、積極的儀礼に参加することが可能になるのである。

以上はデュルケームの宗教的儀礼論についてのシンプルなまとめであるが、この宗教的儀礼は社会的儀礼の一般的なモデルともなる。「聖なるもの」との関係において、距離を遠ざけることと近づけることとのうちに宗教的儀礼の本質があるとするなら、同様に「聖なる人」との距離化と脱距離化(親密化)を実現する儀礼的作法のうちに同様の機能を見ることができるだろう。例えば、その具体的なかたちを、宮廷における神聖な王とその臣下との間で交わされる大仰な儀礼的作法に見ることができる。王権神授説によって神聖化された王の葬儀や戴冠式は、国家儀礼として広く公衆に王権秩序の全貌をパノラマのように目に見えるものとした。また宮廷内では、聖なる王からの距離による階層序列を維持するために、洗練された作法の体系が宮廷儀礼として発展した。さらに同様の宗教的儀礼の機能は、サロンにおける遊戯的で社交的な礼儀作法のうちにも、そして公共空間における市民のマナーとして近代社会にも確認することができる。近代社会とは「個人一般」にたいして聖性を認める社会であり、「人格」とはそのような個人の在り方を表す用語である。デュルケームはこの近代の個人一般に聖性を示す在り方を「人格崇拝」と呼んでいる。市民間のマナーは原理的には聖なる者としての個人一般に向けられている。したがって、狭義のマナーの淵源もまた宗教的儀礼のうちに見いだすことができるのである。

このように考えるなら、聖なる空間における宗教的儀礼から宮廷での王‐臣下の儀礼的作法へ、宮廷での王‐臣下の儀礼的作法から遊戯空間での個人と個人との社交的な礼儀作法へ、遊戯空間での社交的礼儀作法から公共空間での市民間のマナーへと、デュルケームの聖俗の社会学が広義のマナーの歴史への見通しを明らかにしてくれる。しかし、デュルケーム自身がマナーという主題を取りあげこのように考察しているわけではない。つぎに述べるように、マナーの儀礼論の現代における展開は、礼儀作法の遊戯論的な解明と結合することによって可能となったのである。

(二) マナーの遊戯的性格

自由な礼儀作法を含む広義のマナーが育つ場所は、威信や地位といった階層秩序の維持に汲々とする宮廷社会ではなく、啓蒙思想の浸透によって可能となった、すべての参加者が自由で平等であるかのように振る舞う、個人が個人と交わる社交の世界である。聖なる空間での宗教的儀礼や儀礼的作法が、あらかじめ決められた順序にしたがって、厳粛になされるのにたいして、社交の世界での礼儀作法は演技的な側面をもち、場に応じて自由に駆使される遊戯的性格をもっている。社交の原理は「聖」の原理ではなく「遊」の原理であるから、礼儀作法やマナーの性格は当然遊びに引きよせられることになる（櫻井論文参照）。

櫻井論文でも詳しく述べられているように、ジンメルは『社会学の根本問題』（一九一七年）のなかの論文「社交（純粋社会学すなわち形式社会学の一例）」において、社交を「社会化の遊戯的形式」として論じている。社交＝交際文化は遊戯的な世界を作りだし、限られた時間と空間内ではあるが、人間を平等で自由な存在にする。社交の世界は恋愛関係のように第三者に閉ざされることのない、開かれた自由な交換と交感の場である。そこでは遊戯的空間を維持するため、その場に参加した者が互いに適正な距離化と脱距離化（親密化）の絶妙のバランスを維持する配慮が不可欠だった。この礼儀作法の社交におけるレッスンは、その後の西欧社会における生活のスタイルや文化に重要な役割を果たしている。貴族や裕福な市民の婦人が主催するサロンは社交の場の代表的なものである。

ジンメルはつぎのように言う。「この社交の世界、平等な人々の民主主義が摩擦なしに可能な唯一の世界、これは人工の世界で、実質的なものの重みでバランスの失うことのない、純粋無垢の相互作用をひたすら作り上げようと願う人々からなる世界である。私たちが純粋に『人間として』、真実の人間として社交の中へ入っていくのだと考えるのは、すなわち、一切の負担、一切の煩悶、一切の不満など、要するに、現実の生活が人間の純粋な姿を歪めている所以のもの、それを捨て去って、社交の中へ入って行くのだなどと考えるのは、現代の生活が客観的な内容や必要という過度の重荷を負っているためである。」(一九七九、七八‐七九頁＝Simmel 1917)この「純粋無垢の相互作用」を作りだすための他者への配慮の努力が、あるいはそのための自己の過剰な感情や欲望を抑制する努力が、「マナー」や「エチケット」や「礼儀作法」という名で呼ばれてきたものである。「社交の世界」でのマナーは、見知らぬ市民が出会う都市空間においても同様の働きをするのだが、それは後で述べることにしよう。

マナーが発展する社交の場は、それぞれの地域や民族において独自な発展の歴史をもつ。日本では江戸の俳諧や連歌などの「座」がそのような遊戯空間の機能を果たした。遊戯空間における礼儀作法については、すでに池上英子が『美と礼節の絆―日本における交際文化の政治的起源』(二〇〇五年)において、江戸期の連歌や茶の湯といった遊芸の発展との関係について詳しく論じている。封建制度下においては、身分のちがいが決定的な意味をもち、日常の世界では目上の者にたいする厳格な礼儀作法が求められたが、遊芸の世界では茶席や句会の席がそうであったように、一時的にではあるが遊戯的な平等で自由の世界が開かれ、身分制度のしがらみから逃れることができた。遊芸世界に遊ぶときに、遊芸のための別の名前(例えば俳号のような雅号)に変えることは、一時的とはいえ世間(俗の世界)からの離脱の体験を深めるための工夫であったろう。そしてそこでは日常の所作とは異なる所作が発展することになる。所作は美的な作法の体系へと発展し、美しい礼儀作法という高度な習熟を要する身体技法にまで昇華されていく。このような遊芸の場では、西欧の社交の場と同様、遊芸の所作にとどまらず会話や挨拶そのすべてが演技的であり、この場所が世間とは異なる「遊」の空間であることを示した。

(三) マナーの美学的性格

この遊戯論的解釈は、マナーや礼儀作法のもつ美学的性格とつながる。礼儀作法の美学的側面の研究は、すでに多くの研究蓄積がある領域である。日本においては、茶道を見ればわかるように、「道」という名で身体所作の「型」の修養をめぐる主題が、美学的な側面も含めて研究されている。ここでは前節での日本の遊戯空間とのつながりで、「いき」を取りあげてみよう。

九鬼周造の「いき」の研究は、「民族的存在の解釈学」として西欧文化にたいする対抗意識をもってパリで思索された研究であり、日本人独自の優れた「生き」かたの一つとして「いき」について論じている(つまりこれは「文明化の過程」にたいする対抗的言説の一つである)。「いき」とは、端的に言えば、「垢抜して(諦)、張のある(意気地)、色っぽさ(媚態)」のことである。このときポイントは「媚態」にある。「媚態とは、一元的の自己が自己にたいして異性を措定し、自己と異性との間に可能的関係を構成する二元的態度である」。自己と異性との間にはどこまでも距離がなくてはならず、この二元的な在り方が「いき」を遊戯的・美学的なものとする。本来、男女の仲であるなら一緒になることを願うのが自然だろうが、実際に一緒になってしまうのは「野暮」なのである。「いき」には「諦め」がなければならない。「運命に対する知見に基づいて執着を離脱した無関心である。『いき』は垢抜がしていなくてはならぬ。あっさり、すっきり、瀟洒たる心持でなくてはならぬ」。「いき」であるためには、世俗世界のような損得の計算を忘れ、ただただ「可能的関係」だけを遊戯的・美学的に生きなければならない。九鬼の「いき」は、ジンメルがエロティシズムの遊戯形式としての完成形態と定義した「コケットリ」とつながるところが大きい。そして「いき」を行為で表す江戸仕草は、江戸市民の社交世界において発展したこの美学的趣味から生まれたマナーというべきものである。

本書の論考との関わりで、「粋」な所作や仕草を学校教育に導入する試みについてその意味を指摘しておきたい。「マナー」という言葉は外国語から輸入されてきたものであり、カタカナ書きのままでいつまでも外在的で身につかない。それにたいして「粋」という「伝統的」な言葉は、日本の「伝統的身体」となじみやすく異物感をなくす働きをするだろう。また「粋」という言葉がもつ遊戯的な側面が、「マナー教育」といった押しつけがましさを回避させることになるだろう。この遊戯的行為でもある江戸仕草は、他者への配慮として他者に「まじめ」に関わることではなく、自己にたいして距離をとりつつ演技的に自身の余裕を呈示するものとなる。言い換えれば、これはマナーの位相を、社会的関係でも道徳的位相でもなく、「生き方の美学」（毛利論文）の位相へと変更することになる。それは生活全体を美学的な基準（趣味）によって秩序立てることで、直接的な必要性から距離をとり自律性を確保しつつ、他者への踏み込んだ関わり方を回避する都市生活のマナー原理とつながっている。

以上、遊の世界におけるマナーについて論じたのだが、それは先に述べた聖の世界とどのように関わっているのだろうか。デュルケームによれば、遊はすでに聖の世界に含まれているとし、またバンヴェニストによれば、神話と儀礼とが分離するときに遊は聖の世界から分かれるというのだが、カイヨワは聖と俗と遊とを最初から三項図式として分けて考えている。デュルケームの儀礼論の系譜に結び合わせるなら、カイヨワはバタイユと同様に聖なるものとのコミュニオン(交霊)を実現する積極的儀礼の探究を体験レベルで推し進め、聖・俗との関係で遊を理論化していると言ってよいだろう。カイヨワによれば、聖なるものが至高の力として畏れと不安を抱かせるのにたいして、遊は懸念からの解放と自由とをもたらすというのである。ジンメルの考察する社交の世界は、その意味で、カイヨワの遊の世界からも理解できる。遊戯理論がデュルケームの儀礼論とつながりをもっていることを押さえておいて、さらに先に進むことにしよう。

(四)マナーの演技的性格

さてデュルケームの儀礼論と人格崇拝論、そしてジンメルの純粋社会学の社交―遊戯論とが交差するなかで、ゴッフマンの相互作用論に基づくマナー研究が登場する(櫻井論文)。ゴッフマンはフェイス(翻訳では「面目」と訳されている)という用語を使用している。フェイスというのは、自己が他者によってそのように描かれているであろうと捉えられた自己の積極的なイメージである。私たちは、他の人々との接触において自身のフェイスを特別のものと感じており、他の人々もまた自身のフェイスをそのように感じていることを知っている。ゴッフマンによれば、人々は互いに出会う場所においては、互いのフェイスを行為儀礼を通して容認し維持し合うように努めるというのである。それにしても人はなぜ他人のフェイスを容認し維持しようとするのか。このことはデュルケームの人格崇拝論と関わるが、ゴッフマンの答えは、「フェイスとは聖なるものである」からだということである。だからこそ、フェイスを維持するのに必要な表出的秩序は儀礼的な秩序となるというのである。

デュルケームの消極的儀礼と積極的儀礼と対応するように、ゴッフマンは敬意表現において「回避的儀礼(avoidance ritual)」と「呈示的儀礼(presentational ritual)」とを区別している。「回避的儀礼」というのは、「何がなされるべきでないか」によって行為を規定することであり、プライバシーに無遠慮に踏み込まないといったことはこれにあたる。それにたいして「呈示的儀礼」というのは、「何がなされるべきか」によって行為を規定することで、挨拶することや賞賛することなどがこれにあたる(二〇一二、七一頁＝Goffman 1967)。このような行為儀礼は、当然のことながらマナーというパフォーマンスに密接に関わっている。ゴッフマンとマナーとの関係ということで思い浮かぶのは、相手にとって都合の悪い場面を見て見ぬふりをする「儀礼的無関心(civil inattention あるいは tactful inattention)」の発見である。ゴッフマンは儀礼的無関心のように、都市生活のような相互に見知らぬものが集まる場所では、お互いの私的な空間を守るために儀礼的に無関心を装うマナーがあることを意識化して見せた(ゴッフマンは「エチケット」という用語を使用している)。ゴッフマンの取りあげている例は、私たちが通常使用している「マナー」の用語法に近いものといえるだろう。

さらにゴッフマンの相互作用論は、社会言語学あるいは語用論と結びついて、言語活動における「礼儀正しさ」といった事象の解明へと展開している。ブラウンとレヴィンソンはこれを「ポライトネス理論」と名づけている。ここでいうポライト(politeness)とは、「丁寧さ」というより「対人的配慮」ということである。彼らはネガティブ/ポジティブの区分をデュルケームから、フェイスの概念をゴッフマンから受け継ぎ、「ネガティブ・フェイス」と「ポジティブ・フェイス」という区分によって、ポライトネスを明らかにしようとしている。「ネガティブ・フェイス」とは、「自己の領域と自己の行動の自由を守りたいという、誰もが抱く欲求」のことであり、「ポジティブ・フェイス」とは、「他者からの評価と他者による受容を得たいという、誰もが抱く欲求」と定義される。フェイスが他者からの侵害行為によって自身の欲求が満たされないときに、ポライトネスはそのフェイス侵害を補償・軽減したり回避することでフェイスを保持すべく機能するのだが、ネガティブ/ポジティブ・フェイスのどちらのフェイスを顧慮するかによって、ポライトネスもまたネガティブ/ポジティブの二種類に分けられる。前者は間接的表現や敬語を使用する「忌避的」な「表敬のポライトネス」であるのに対して、後者は直接的表現や「タメ語」を用いる「近接的」な「連帯のポライトネス」というわけである(滝浦　二〇〇五、一三六頁)(注1)。このように説明すると、ポライトネス行為はあたかもすべて意識的で戦略的な行為のように響くかも知れないが、ブラウンとレヴィンソンによれば、ポライトネスは受動性と能動性との両義性を帯びているのだという。ここではこれ以上に詳しく論じることはできないが、この理論は言語活動におけるマナーにおいて重要な要素である「敬語」の解明に役立つ(注2)。

(五) マナーの誇示的性格と卓越化の働き

生命性を失い他者との遣り取りに生気を与える「遊」の喜びがなくなると、社交の場は形骸化してしまい、礼儀作法もたんなる「嘘」の作法、「虚礼」となる。礼儀作法やマナーは聖なる者への儀礼でもなく、また他者への配慮でもなく、周囲の観衆への「みせかけ」として記号論的差異を表示するうわべだけのものへと転化する。聖なる空間や宮廷での儀礼的作法は、権力や権威、敬意や服従といった階層的秩序を可視化する装置であるから、それらが観衆を必要とするのは当然でもあったが、近代社会のように原理的にすべての人が平等とされる社会では、各個人間での威信獲得の競争が激化するため、礼儀作法やマナーまでもが威信獲得競争のための手段となる。

マナーがもつ誇示的性格については、すでにアメリカの社会学者ヴェブレンが『有閑階級の理論』(一八九九年)において明らかにしている。ヴェブレンは「金ぴか時代」の有閑階級の生活について、「誇示的消費(conspicuous consumption)」「誇示的余暇」「金銭的な競争心」といった用語でもって明らかにしている。ここでは有用なものへと回収されることのない消費（蕩尽）が、ただ競争相手を圧倒し、自身の自己満足のためになされる有様が描かれている。誇示的消費は競覇的な贈与交換の形態である「ポトラッチ」ともいうべき事態を示している。しかしそれはなにも消費行為においてばかりではない。ヴェブレンにしたがえば、有閑階級であることを誇示するために、自分たちは何代にもわたって生産労働に直接従事してはいないことを示す必要があり、習得するのに多くの時間がかかる礼儀作法（propriety）を身につけていることが不可欠だというのだ。服装や装飾品とは異なり、上品で優雅な身のこなしを要する礼儀作法は、一朝一夕に身につくわけではない。だからこそ洗練された趣味と同様、上品で優雅な礼儀作法と行儀作法（manner）によって、育ちのよさを周囲の人々に見せびらかすことができるというのである。礼儀作法や行儀作法としてのマナーは、競争心を抱いて互いに張り合うなかで、それを未だ十分に身につけていない（つまり「所有」していない）競争相手（後続の「成り上がり者」たち）を圧倒する力となるのである。

同様に、礼儀作法やマナーのちがいを基に階級的差異を作りだすという「卓越化（distinction）」の戦略的側面を、ブルデューは『ディスタンクシオン』（一九七九・八二年）において実証的に明らかにしている（櫻井論文）。ブルデューは「身体技法」の概念ではなく、動的で関係的な差異化の作用の観察を可能にする「ハビトゥス」という概念を使用している。ハビトゥスとは、ある集団や階級における他の集団や階級にたいする特徴的で客観的に分類可能な慣習的行動を生みだす能力であると同時に、そのような慣習的行動の分類システム、つまり慣習行動やそれによって生みだされた生産物を識別し評価する能力（趣味）、という二つの能力の関係として定義される。したがって、例えばハビトゥスとしての教養や趣味の階級的差異は、支配者階級においては、卑しく粗野で下品で欲得ずくの自然な享楽を否定し、昇華され洗練され上品で無私無欲な自由な快楽に満足する在り方を示すことで、階級間の差異を浮かびあがらせ、そのようなハビトゥスをもたない階級の身体をふさわしくないものとして疎外する。しかし、それだけではなく、このような教養・趣味というハビトゥスを「文化資本」として身につけているかどうかが、その人間が生きていく場（ここでは支配者階級の社会的空間）での将来の社会的成功に深く関わってもいるのである。そして、高い教養や優雅な趣味と同様に、上品なマナーや礼儀作法もまたハビトゥスとして階級間の差異を示すものとして、階級的差異をたんに誇示するだけでなく、その差異を実質的なものへと変える資本でもあるのだ（一九九〇、第三章を参照＝Bourdieu 1979）。このようにして階級は再生産されていくのである。『ディスタンクシオン』では、階級間のハビトゥスの差異の諸相がフランス社会を例に具体的に呈示され、身体を通しての象徴権力の実相が明らかにされているだけでなく、このような象徴権力を支持することになるカントを初めてとする美学自体も批判の対象となっている。この美学批判を含め、マナー論がこのテクストから学ぶものは大きいが、本書では十分には受け継いではいない。

本書においてたびたび登場するエリアスの『文明化の過程』（一九六九年）においても、貴族階層が市民階層との差異をマナーによって作りだす話がでてくるが、デュルケーム学派のモースが示した身体技法という社会学的身体論がここでは重要になる（後述）。マナーの行為体系には、身体技法として要請される合理的根拠や美学的根拠がないわけではないが、それらは個別の行為の選択理由となるものではない。例えば、ティースプーンは受け皿の手前に置くのが正式なのか、あるいは右側に置くのが正式なのか、所作Aと所作Bのどちらが礼儀に適っているかは多分に恣意的であって、それを決定するのはその場所を支配する階層の文化である。一般に上位の階層は、先にも述べたように、直接的に欲求を充足するような所作を否定し、マナーの所作を美学化し厳格な規則にする傾向がある。そのことによって下位の階層との間に明示的な差異を作りだし、下位の階層に属する者が上位の階層の世界に「成り上がる」ことが容易にはできないようにしている。

西欧社会における儀礼的なマナーの拡がりの歴史は、国際的にはイタリアの都市国家（フィレンツェのメディチ家やミラノのヴィスコンティ家）からヴェルサイユ宮殿そして全ヨーロッパの宮廷へ、国内的には貴族から裕福な市民そして中産階級へと、通常「上位」の階層・階級あるいは文化から「下位」への浸透の歴史である。しかし、テーブル・マナーを例にとればわかるように、経済的物質的条件がマナーの形態を支えており、そのような条件がないところでは貴族的・ブルジョワ的なマナーの実現は最初から不可能である。またイギリスの労働階級における対抗文化の研究が示しているように、下位の階層・階級・文化には独自の対抗的な価値基準があって、すべての階層・階級に同じマナーが普及することはない。労働階級においてあまりに気取って上品ぶった者は仲間とは見なされない。このことは労働階級におけるマナーの欠如を意味しない。労働者の間には上流階級や中産階級とは異なるマナーの形態があるのだ。この対抗文化はブルデューの象徴支配の問題と結びついている。

❸ 身体–空間の秩序化とマナー研究の諸相

(一) 身体技法とマナー

広義のマナーは、過剰な感情の高まりや欲望の昂進による暴力の出現を抑止し、人間の関係を美的で秩序あるものとする。しかし、それは同時に、身体としての私たちの生の幅が既成秩序の枠へと細部に至るまで制限されることでもある。これまでの論述とも重なるが、あらためてマナーと既成の秩序との関係について詳しく論じてみよう。まずマナーと身体の社会的秩序化との関係についてみておこう。

デュルケームの後継者であり贈与論の生みの親でもあるモースは、人間がそれぞれの社会で伝統的なかたちで身体を使用する仕方を「身体技法」と呼んでいる。人間の子どもは、動物の本能にあたるような生得的に決められた行為のセットをもつことなく誕生することを考えれば、社会の中で身体の使用法を学ばなければならないのは当然のことといえよう。私たちは意識する以前に、すでに社会的交通のなかで身体技法の体系を身につけて生きているのである。しかし、身体技法の理論は道具としての社会的な身体を説明するだけではない。身体技法は、私たちの世界にたいする関わり方を規定しているだけではなく、世界からの刺激をどのように受けとめるかも規定している。人間は身体技法という社会的メディアを介して世界を生きているということもできる。食事のときのフォークとナイフの使い方にはもちろんのこと、絵画を鑑賞するときの知覚の在り方にも、身体技法として行為全体に社会が宿っているのである。

このようにして、身体技法の理論は、ある社会における構成員の身ぶりや作法といったものが、どうして共通点をもつのかを明らかにしてくれる。それとともに、同じ社会における身体技法の差異にも目を開かせてくれる。身体技法は同じ社会であっても、性別や年齢そして社会的階層や階級によって異なっていることが理解できる。この差異による秩序が、社会生活の全体にわたって張りめぐらされており、日々の生活において暗黙の秩序を作りだしてもいる。そして、マナーや礼儀作法もまた身体技法の一種であると捉えるとき、このような身体技法の体系がどれほど繊細に細部にわたるまで社会的秩序を作りだしているかがわかるだろう。かつての身分社会において、礼儀作法の習得(修養)が人間形成においてどれほど大きな重みをもっていたかを理解することができるだろう(岡部論文)。

ところで、「軍隊」におけるシャベルの使い方と行進の仕方、「病院」での看護師の歩き方、あるいは「修道院」で躾を受けた娘の歩き方に「高等学校」で教育された者の歩き方、モース自身が報告している身体技法の事例が観察された場所は、いずれも後でみるフーコーが『監獄の誕生』(一九七五年)で描く「修道院」をモデルとした規律・訓練の場所であることは偶然だろうか。それらは身体形成を意識的組織的に実現した近代的なシステムの働く場所である。民族学者モースが発見したのは、土着的で伝統的な民族の身体技法というよりは、近代的な「国民」の身体技法だったのではないだろうか(矢野二〇〇二)。

(二) 権力と秩序化とマナー

『監獄の誕生』のなかで、フーコーは学校の誕生と監獄の誕生との同時性を問題にしている。かつて権力は、国家儀礼における王の身体表現と同様、八つ裂きの刑のような残酷な公開処刑のように、目に見えるかたちで身体を通して儀礼的象徴的に自己を表していた。しかし、一八世紀を境にして、このような目に見える残酷な刑は姿を消すことになる。そこに新たに登場してきたのは、視線の作用(監視)によって人間の身体の微細な事柄にわたり管理を実現させる権力の機構である。フーコーはこのような権力の実現を「規律・訓練(discipline)」とみていた。これは、学校・軍隊・工場そして監獄を貫く権力の基本構造をなしている。その事実は、同時に、身体の管理から生みだされてくる心理学や教育学、犯罪学といった人間の諸科学の誕生の秘密をも明らかにする。歴史における人間の身体の変容は、権力による身体の再編成の問題であることをフーコーは明らかにした。

規律・訓練というミクロな権力の行使という視点から見るとき、礼儀作法やマナーもまた身体化された規律・訓練の証といえるだろう（一九七七、一八二頁＝Foucault 1975）。現代の「作法書」は、詳細で細かな作法の指示で溢れているが、一見すると細やかな他者への配慮と見えながら、実のところ既成の秩序を再生産する権力のマニュアル（マナーと語源が同じラテン語から派生した語）なのである。学校文化のなかでも、このような規律・訓練とマナーの教育とが分かちがたく結びついていることがわかる。挨拶の重視、姿勢への自己監視、服装についての配慮、……生活の細部にまでわたる校則による規定。このように数え上げてみると、学校での秩序形成の課題は、広義のマナーをいかに生徒・学生に守らせるかに関わっていることがわかるだろう。しかし、それは学校文化に限られたことではない。社会人としてのマナー研修の場でも同様の課題がレッスンされるのである。

権力と秩序のあるところには、必ず何らかの身体への規制があり、身体への規制のあるところには、儀礼的作法や礼儀作法やマナーが存在する。ポストコロニアリズムから見れば、「文明化の過程」におけるマナー問題は重要な主題の一つである。「文明化」の程度を表すバロメーターの一つである西欧式マナーの普及は、対照的に西欧以外の地域での「伝統的」な作法を「野蛮」なものとして貶めることになる。西欧式のマナー体系のみを「文明」の証と捉える西欧中心主義は、それぞれの地域の中で培われてきた身体技法としての儀礼的作法や礼儀作法を貶め、近代的な学校教育を通してそれぞれの身体技法に変容をもたらすだけでなく、そのような身体技法に連なる生活の仕方や価値観をも破壊し無価値なものとしていく。しかし、このプロセスは反動として同時に、それぞれの地域における身体技法を、それらの地域の人々自身が、西欧人の目を意識しつつ意味づけをなして、「文化」や「伝統」の名のもとに再構築・再創造するプロセスともなる。

この「文明化の過程」に関わるマナー問題は、私たち自身の生の課題に関わってくる問題でもあり続けている。明治維新以後の欧化政策のなかでの立礼に関わるマナー教育の研究、そして日本帝国として植民地に対する日本式のマナーや宗教儀礼の強制教育の歴史研究は、重要な研究課題の一つであるが、なによりこの問題は未だ決着のついていない私たちの生の課題である。西欧人のまなざしを基準にして、自らのマナーの現状を反省し、自国民のマナーの「不十分さ」や「衰弱」を嘆くという定番のマナー言説は、明治から今日に至るまでこの国では繰り返されてきた。また反対に、「マナー」「野蛮」「文明化」の言葉のつながりは、今日でも、民族アイデンティティを強化するために、近隣の他民族を批判し差別するときの強力な修辞法を構築していることにかわりはない(図を参照)。さらにまた敬語をめぐる議論も、「日本語の優秀性」を示すものとして明治以降に、つまり欧米や近隣の他民族との国際関係を介して論じられるようになったことや、「美しい日本語を話そう」といった「国語」のキャンペーンが幾度となく繰り返され、民族アイデンティティの再構築とつながっていることを想起すべきである。

またジェンダー論からみれば、マナーとして女性に要請される行為と男性に求められる行為との間

Les lundis de Rokou Meikwan — Entre deux contredanses

《図》

この絵は「鹿鳴館の月曜日」というタイトルで、フランス人画家ビゴーが明治二〇年に描いた絵である。明治維新後、欧米との不平等条約を解消するため、明治政府は積極的な欧化政策を推進したが、鹿鳴館における舞踏会の開催もその一つであった。当時、日本人女性でダンスを踊れる者が少なく、お雇い外国人を講師にして、華族やその婦人令嬢を集めて、ダンスの講習会を毎月曜日に実施することにした。しかし、それだけでは女性の数が足らなかったために、社交のプロとして芸者が集められたのだが、ビゴーは彼女たちの姿を冷ややかに見ていた。しゃがむという欧米人から見れば奇異な行為や、キセルでたばこを吸って鼻から出すことや、そのたばこの灰をところかまわず捨てること、そしてのぞき見をすること、風俗を描くというよりは、洋装をして表面だけ文明化した日本人の品位のなさを風刺しているものといえるだろう。ビゴーは日本女性と結婚し自由民権運動を支持し条約改正に反対した人物だが、旺盛な関心と鋭い観察眼によって、明治期の日常生活を数多く絵に残した人物でもある。ところで、このような風刺画は西欧人の偏見によるものと批判されてもきたが、しかし、西欧人と同じ目で近隣のアジアの人々を見ていた(いる)ことへの反省をするなら、このような絵を「西欧人の偏見」とばかり言ってはおられないだろう。［清水勲編『続ビゴー日本素描集』一二八頁］

に明らかなちがいがあることが問題である。その性差の教育が、「躾」という室町時代に創られた和製漢字で表現された子育ての重要な側面を占めていたとさえいえる。「躾」の性差は、女性の側への強い身体活動への制約と言語使用への規制を含んでいる。「あなたは女の子なんだから、そんなことをしてはいけません」とは、女子教育の母型となる「躾」の言葉である。女子校や女子大でのマナー教育の重視は、このような「躾」の言葉の延長上にある(注3)。先に述べた敬語において、女性特有の敬語使用として「女性語」の使用が要請されてきたことも、この文脈から捉えられる必要がある。学校文化におけるマナー研究は、このような管理教育や多文化教育やジェンダーの研究と結びつきながら深化させていく必要がある。

❹ 贈与論と他者を迎えるマナー（あるいは「路上の徳」に向けて）

デュルケームの儀礼論の系譜を中心にして、広義のマナーを考えるための理論について整理してきた(注4)。儀礼論の系譜の研究では、宗教的儀礼や礼儀作法あるいはマナーがどのような機能をもっているかとともに、なぜ私たちは他者にたいして配慮するのかその理由が呈示されてもきた。その理由を簡単に言えば、他者が自身と同じく聖なる存在だからである。これはデュルケーム社会学の基本的モチーフと結びつく人間観でもある。デュルケームの社会学の中心主題とは、超越性（神）に包まれた世界の支えなしに、どのようにして世俗の「社会」という概念を構築していくことができるかを明らかにするところにあった（菊谷　二〇〇二）。『宗教生活の原初形態』で明らかにしたように、社会は神の超越性によって支えられているのではなく、反対に社会自体が聖なるものの根拠であるというものであった。社会という聖なるものを分有しているが故に、構成員もまた聖なるものとして捉えられるのである。しかし、それでは構成員でないものへのマナーは、どこからその力を得るのだろうか。ここで儀礼論の系譜を贈与論の立場から捉え直してみる。

これまで述べてきた儀礼論に基づくマナー論は、いずれも象徴的交換の理論として理解することができる。事実、王からの地位と威信の贈与と臣下からの忠誠と服従の贈与、社交の場での遊戯的な会話の遣り取り、出会いの場での互いの面子の儀礼的均衡を回復するコミュニケーション、このような相互作用はどれも贈与交換として理解可能なものである。これまでのマナー理解は基本的に互酬性の原理に基づいているといえる。しかし、私たちはたまたま同じ車両に乗り合わせ、以後二度と出会う可能性のない見知らぬ人に対しても、席を譲ることができる。その人が後で私にその貸しを返してくれるわけではない。ここには交換はない。このような公共空間で出会う見知らぬ他者、過去においていかなる恩義を与えられたわけではなく、またこれから将来において二度と出会うこともなく返礼も期待できない他者にたいして、私たちはマナーを発揮する。ここには互酬性がない。恩義の過去もなければ負債感の未来もない。

アランが『定義集』(一九五三年)のなかで「礼節・礼儀作法(CIVILITÉ)」をつぎのように定義していることは興味深い。「都市および都市生活特有の折り目正しさのようなもの。農夫たちは深い敬意をもって、客を歓待することもあれば、また家族的、宗教的な儀式を、巧妙な儀式を行うことなどもある。しかし、彼らには都会特有の礼儀作法がない。これは一種の路上の徳である。知らない人たちが群れをなして往き来する徳—。この徳には、よそ者というのがない。」(Alain 1953＝二〇〇三、四九頁)。農夫の徳とは共同体の互酬性に基づく徳のことである。それにたいして、「路上の徳」とは「よそ者」というものがない、世界市民による純粋贈与のスタイルのことである。

このように考えるなら、マナーは新たな社会を拓く可能性を示唆するものでもありうる(岡部論文)。マナーが社交の場で発展したこと、またその場が第三者にも開かれた平等で自由の場であったことは重要である。マナーは、公共の空間において、仲間ではない他者に仲間と同等の権利を認めようとするものである。強力とはいえないにしても、マナーが生起した瞬間は人間の平等という正義の理念の光に照らされている。公共の空間とは、村落共同体のような仲間同士の間での貸し借りによる贈与交換に基づく共同体の空間ではない。その意味で、公共空間では、従来の共同体を支えてきた贈与交換に基づく互酬性とは異なる新たな原理が生起している。ゴッフマンが公共空間のうちに潜在的な倫理の可能性を見いだしたのは故なきことではない。親切という名の相互扶助(贈与交換)が共同体の姿を可視化するように、マナーという名の純粋贈与のスタイルが、潜在的な倫理の共同性を象っていく。これが最初に述べたマナーが「超ルール」であるということの所以である。

このような世界市民の絶対性の課題についてのマナー論における原理的な展開は、すでに本書第四章で試みたので、ここでは繰り返さない。マナー行為が差し向けられる相手が、匿名で平等の市民という抽象的次元を超えて、なにより固有の顔（フェイス）をもった他者であることに思い至るとき、この主題をデリダやレヴィナスの他者論から論じる必要性に駆られるが、あらためて他者論から本格的にマナーを論じる紙幅はすでに残されてはいない。ユダヤ教のラビの息子であったデュルケームの儀礼論からはじまったマナーの根源に至る旅は、図らずもモースやバンヴェニスト、ジンメルからエリアス、ゴッフマンを経て、デリダ、レヴィナスへと至るユダヤ的知性との出会いの旅となった。「路上の徳」としてのマナー論は、宗教的儀礼を発動させる「聖なるもの」の起源にまで立ち戻り捉え直す必要があることを確認して、本書の研究案内の役目は終わる。それではマナーと礼儀作法の世界へどうぞ。

《注》

（注1）滝浦真人は、『日本の敬語論』（二〇〇五年）において、ポライトネス理論から日本の敬語論について新たな展開を図っており、マナー論を考えるうえでも示唆に富んでいる。本章のゴッフマンの儀礼論からポラ

イトネス論への流れの論述は、滝浦の議論に多くを負っている。また「距離化」と「脱距離化」という用語もここから得ている。

（注2）日本語は、ヨーロッパの近代語と比較して、複雑な敬語の体系をもっているといわれる。文化審議会の「敬語の指針」（二〇〇七年）における分類によれば、日本語における敬語は、尊敬語（「いらっしゃる・おっしゃる」型）・謙譲語Ⅰ（「伺う・申し上げる」型）・謙譲語Ⅱ（丁重語）（「参る・申す」型）・丁寧語（「です・ます」型）・美化語（「お酒・お料理」型）の五種類に分類されるという。日本語の話者は、話し手と聞き手、そして話題のなかの人物、それぞれとの関係をもとに、煩雑な敬語法を使い分けて使用するように求められている。敬語法の間違いは、マナー違反として認識されており、敬語使用に関わるマナーは現在でも私たちの人間関係のなかで強い規範性をもっている。そのためこの体系に十分に習熟せずに逸脱してしまう不正確な使用者は、「粗野な田舎出のもの」（金田一京助）として軽蔑の対象とさえなる。本書では、独立した主題として敬語の問題を扱うことができなかったが、マナー問題において言語の問題は重要な主題群をなしている。

（注3）陶智子・綿抜豊昭監修の『近代日本の礼儀作法』（二〇〇八年）には、明治期から昭和期にかけての主要な礼儀作法書が十五巻集められており、マナー研究においても重要な資料集成となっている。この十五巻のうち七巻に、『日本女礼式』『女子作法教科書』『〈昭和〉女子作法の栞』といったように「女性」がわざわざ明記されていることからもわかるように、女子教育において礼儀作法の教育が重視されてきたことがわかる。もちろんこの議論を深めるためには、江戸期からの連続性と非連続性の検討が不可欠となる。

（注4）デュルケームの儀礼論を導きの糸にして、古代・中世の聖なる空間・宮廷での儀礼的作法、個人と個人とが交わる近代の社交の場の礼儀作法、そして都市市民の狭義のマナーと、歴史的変化について大きな構図を描いてみた。この儀礼的作法–礼儀作法–狭義のマナーの三者は、聖なるものと人間との関係、身

分や階層や階級のちがう者との関係、個人と個人とが交わる関係、あるいは見知らぬ市民同士が出会う関係における広義のマナーを表しているのだと考えてみれば、この三者は普遍的でいつの時代にも並存しており、ただ時代においてそれぞれの重要度が異なっているにすぎないと考えることもできる。古代においては、宗教的儀礼における儀礼的作法がもっとも強力なものとして働いており、他の二者はそれに従属しているといったようにである。したがって、儀礼的作法‐礼儀作法‐マナーの歴史的な布置の変化においては、三者間の関係の変化が問われる必要があるだろう。現代においては、儀礼的作法‐礼儀作法‐マナーは、それぞれが分かちがたく結びあっており、それぞれの間に明確な線を引くことができない。明確な境界線を引くことが困難なために、本書でもそれぞれの論考の間にズレが起こっているし、同じ論考内部でも同様のことが生じている。

《引用・参考文献》

・青木　保、二〇〇六年　『儀礼の象徴性』岩波現代文庫
・アラン、二〇〇三年　神谷幹夫訳『定義集』岩波文庫＝Alain 1953 *Définitions*, Paris: Éditions Gallimard.
・池上英子、二〇〇五年　『美と礼節の絆―日本における交際文化の政治的起源』NTT出版
・今村仁司・今村真介、二〇〇七年　『儀礼のオントロギー―人間社会を再生産するもの』講談社
・ウィリス、P.、E.、一九八五年　熊沢誠・山田潤訳『ハマータウンの野郎ども―学校への反抗・労働への順応』筑摩書房＝Willis, P. E., 1977 *Learning to labour:how working class kids get working class jobs*, Gower Publishing Company.
・ヴェブレン、Th.、一九九八年　高哲男訳『有閑階級の理論―制度の進化に関する経済学的研究』ちくま学芸文庫

＝Veblen, Th., 1899 *The Theory of the Leisure Class: An Economic Study in the Evolution of Institutions*, New York: Macmillan.

・エリアス、N、一九七七年　赤井慧爾ほか訳『文明化の過程―ヨーロッパ上流階層の風俗の変遷』上 法政大学出版局＝Elias, N., 1969a *Über den Prozess der Zivilisation, Erster Band*, Bern; München:Francke Verlag.

・エリアス、N、一九七八年　波田節夫ほか訳　『文明化の過程―社会の変遷／文明化の理論のための見取図』下 法政大学出版局＝Elias, N., 1969b *Über den Prozess der Zivilisation, Zweiter Band*, Bern;München:Francke Verlag.

・エリアス、N、一九八一年　波田節夫・中埜芳之・吉田正勝訳『宮廷社会』法政大学出版局＝Elias, N., 1975 *Die höfische Gesellschaft:Untersuchungen zur Soziologie des Königtums und der höfischen Aristokratie mit einer Einleitung: Soziologie und Geschichtswissenschaft*, Darmstadt und Neuwied:Luchterhand.

・大橋良介、二〇〇九年　『日本的なもの、ヨーロッパ的なもの』講談社学術文庫

・カイヨワ、R、一九七〇年　清水幾太郎・霧生和夫訳『遊びと人間』岩波書店＝Caillois, R., 1958 *Les jeux et les hommes*, Paris: Éditions Gallimard.

・姜　尚中、二〇〇四年　『オリエンタリズムの彼方へ―近代文化批判』岩波現代文庫

・菊谷和宏、二〇一一年　『「社会」の誕生―トクヴィル、デュルケーム、ベルクソンの社会思想史』講談社

・九鬼周造、一九七九年　『「いき」の構造』岩波文庫

・ゴッフマン、E、二〇一二年　浅野敏夫訳『儀礼としての相互行為―対面行動の社会学〈新訳版〉』法政大学出版局＝Goffman, E., 1967 *Interaction Ritual:Essays on Face-to-Face Behavior*, New York:Anchor Books.

・清水勲編、一九九二年　『続ビゴー日本素描集』岩波文庫

・ジンメル、G、一九七九年　清水幾太郎訳『社会学の根本問題―個人と社会』岩波文庫＝Simmel, G., 1917 (1920) *Grundfragen der Soziologie: Individuum und Gesellschaft*, Berlin und Leipzig:Walter de Gruyter.

・陶智子・綿抜豊昭編集、二〇〇六年　『近代日本礼儀作法書誌事典』柏書房
・陶智子・綿抜豊昭監修、二〇〇八年　『近代日本の礼儀作法』全十五巻、日本図書センター
・滝浦真人、二〇〇五年　『日本の敬語論―ポライトネス理論からの再検討』大修館書店
・デュルケーム、E.、一九七五年 古野清人訳『宗教生活の原初形態』上下、岩波文庫＝Durkheim, É., 1912 *Les formes élémentaires de la vie religieuse: Le système totémique en Australie*, Paris: Félix Alcan.
・中村桃子、二〇一二年　『女ことばと日本語』岩波新書
・二宮宏之、二〇一一年　『二宮宏之著作集　ソシアビリテと権力の社会史』第三巻、岩波書店
・フーコー、M.、一九七七年　田村俶訳『監獄の誕生―監視と処罰』新潮社＝Foucault, M., 1975 *Surveiller et punir:naissance de la prison*, Paris: Éditions Gallimard.
・藤川信夫、二〇〇九年　「学級における教師と生徒のパフォーマンス」平野正久編著『教育人間学の展開』北樹出版
・ブラウン、P.・レビンソン、S.、二〇一一年　田中典子監修『ポライトネス―言語使用における、ある普遍現象』研究社＝Brown, P. & Levinson,S., 1978 *Politeness: Some Universals in Language Usage*, Cambridge University Press.
・ブルデュー、P.、一九九〇年　石井洋二郎訳『ディスタンクシオン―社会的判断力批判』I II　藤原書店＝Bourdieu, P., 1979, 1982, *La distinction:critique sociale du jugement*, Paris: Éditions de Minuit.
・文化審議会答申、二〇〇七年　「敬語の指針」
・モース、M.、一九七三年　有地亨・伊藤昌司・山口俊夫訳『社会学と人類学』I　弘文堂＝Mauss, M., 1966 *Sociologie et anthropologie*, Paris: Presses universitaires de France.
・矢野智司、二〇〇一年　「マルセル・モース『身体技法』」佐藤学編『ブックガイド　教育本44』平凡社
・矢野智司、二〇〇八年　『贈与と交換の教育学―漱石、賢治と純粋贈与のレッスン』東京大学出版会

第二章

近代西洋社会におけるマナーと社交性

櫻井 佳樹（香川大学）

●はじめに

有川浩の小説『阪急電車』は、次のような言葉で始まる。「電車に一人で乗っている人は、大抵無表情でぼんやりしている。視線は外の景色か吊り広告、あるいは車内としても何とはなしに他人と目の合うのを避けて視線をさまよわせているものだ」（有川　二〇一〇、一〇頁）と。現代の都会に暮らす人々のありふれた日常の姿である。なぜ私たちは、他人の視線を避けるのだろうか。それは、おそらくそうした仕草が、今日の日本社会における大人としてのマナーだと感じるからである。

さて、マナーとは何だろうか。私たちは瞬時にマナーとは何かを判断し、行動に移していく。マナー違反者を見つけては、眉をひそめる。そして同志を見つけては、「いやね」と微笑みながら今度は目を合わせる。マナーとは何か。本章では、マナーとは、近代西洋社会に生起し発展した概念や現象であり、それが言わば世界規模に伝播したものだと捉え、マナーの本質を歴史的に解明していきたい。

❶ マナー研究の基点

木村洋二は、「マナー」を次のように説明している。マナー(manner)とは、「ヒトが自己あるいは他者のもつ動物性の次元になるべく直面しないですむように作り上げた一種の身体技法で、多くはしつけを通じて身体化される。おのおのの動物性を制御して市民社会の快適さを維持しようとする一種の節度としての一面と、自己の文化的洗練度を社会的に誇示しようとする差異化のパフォーマンスの二面がある」(木村　一九八八、八三二頁)。このように木村は、「節度」と「差異化のパフォーマンス」の二面を指摘しているのである。

ここから、マナーの本質を理解する観点として、まず「節度」としての面があげられる。「節度」とは何か。木村は「節度」を「人間化」(人間性 vs. 動物性)、「身体化」(身体技法)、そして「規律化」(しつけ)によってもたらされるものと捉えている。例えば、食べるという行為は、食欲を満たす行為であり、生命体である人間も他の動物と同様、食べることへの変わらぬ欲求を有している。しかしながら人間は、自己や他者の「動物性」をいつしか不快なものと感じるようになり、それらを直接表出させることなく、時間をかけて遂行したり、型(行儀作法)を生みだしたりして、食べ方に「上品さ」を求めるようになった。そうした作法が身体化されたもの、すなわち「身体技法」がマナーであるというのである。また人間は、座り方、立ち方などの立居振舞などに「きれい」や「美しい」などの美意識を感じるようになった。

この「身体技法」とは、社会学者マルセル・モースによって名づけられた用語である。彼によると「身体技法」とは、「人間がそれぞれの社会で伝統的な態様でその身体を用いる仕方」(モース 一九七六、一二一頁)であり、「身体こそは、道具とまでは言わなくとも、人間の欠くべからざる、しかももっとも本来的な技術対象であり、また同時に技術手段でもある」(モース 一九七六、一八二―一八三頁)。吉見俊哉によると、「身体技法」とは、「日常生活において、あたかも機械的な所与としてあるかのように感じ取られ、遂行される身体的行動の『型habitus』。歩き方や座り方から食事や排泄の仕方に至るまで、あらゆる日常の所作は、その担い手が内属する文化のなかでコード化され、技法として習得されていく。歩行中の腕の位置や足の運びも、単なる個人的・心理的運動ではなく、集合的・社会的な特徴を形成しているのだ。身体をわれわれが社会的コードに沿って使用する道具として捉えていくモースのこの考え方は、ブルデューの『ハビトゥスhabitus』概念にも継承されている」(吉見 一九八八、四九二頁）と。このように、「身体技法」とは、マナーという言葉から私たちが想起する「型」なのだ。結婚式に招かれた場合、礼儀正しく振る舞えたかどうかは、身にまとう衣装や振る舞いが格式にしたがっており、型どおりか否かによって判断する。しかしながら、その「型」が、なぜそうであるのかは、民族や性別、年齢や世代による違いとして、歴史的産物だとして答えざるを得ない。

ユダヤ系ドイツ人の社会学者エリアスは、こうした「規律化」の流れを「文明化」と捉えた。自明なものとみなされがちなマナー行動は、決して普遍的に存在するわけではなく、「文明化」の過程の中で、歴史的に生成・発展したものであると。エリアスは、『文明化の過程』（Elias 1997＝エリアス　一九七七、一九七八）において、ある特定の社会に属する人間の情感と制御の構造が、数世代にわたり同一方向に向けて長期的に変化してゆく過程を「文明化」として立証しようと試みたのである。その過程を促進したのが、木村の言う「自己の文化的洗練度を社会的に誇示しようとする差異化のパフォーマンス」という側面である。マナーとしての身体技法は、特定の階層の中に生まれたものである。すなわちマナーは、近代西洋の身分制社会の中で階層差を自ら意識し、他の階層に属する者との違いを意識させる役割を果たしたのである。したがって、この「差異化」の事象がいかに進行したのか、その歴史を辿ることは意味あることだろう。

❷ 近代西洋社会における文明化とマナー

エリアスによると、文明化された行動概念は、中世ヨーロッパの宮廷で発展し、諸個人が相互依存を深め、結果的に行動様式を変えざるをえなくなるにつれて、多かれ少なかれ低い社会階級の間に普及したものであるという（大平　二〇〇三、一五八頁）。すなわち文明化の過程とは、互いに依存する多数の人間が相互に形作る図柄の長期にわたる構造上の変化を意味しているのである。エリアスは、ヨーロッパ中世以降のマナー本に掲載された食事場面などでの社会的に要請されるもの、禁止されるものなどを取りあげ、それらの基準がいかに変化したか、それらを通して羞恥心や不快感、不安感がいかに変化したかを論証し、マナーの本質が社会的に培われる不快や不安の問題であることを看破している。

(一) フランスの事例

エリアスによると、「文明化」とは、ヨーロッパの自意識を表す言葉であるが、どの国にとっても同じものを意味するのではないという。とりわけ英語およびフランス語の使用と、ドイツ語の使用には相違が大きいと指摘している。英仏語の「文明化」は、政治的・経済的、宗教的・技術的、道徳的・社会的な事実に関係し、ヨーロッパと人類の進歩に対して自国民の持っている意義についての誇りをまとめて表現するが、ドイツ語における「文明化」は、人間の外面、人間存在の表面だけを包括するものを意味しているにすぎない。ドイツで自らの業績と本質を表す言葉は、むしろ「文化」である。

フランス語の「文明化」(civilisation)概念は、動詞「文明化する」(civiliser)から誕生したが、それは十八世紀半ばのことである。civiliserは、ラテン語で「市民に属する」という意味でのcīvīlisや、cīvīlisから発展した「統治すること」あるいは、「礼儀正しいこと」を意味するcīvīlitāsに源を発する。エリアスによると、まずは中世に強大な騎士的封建君主の宮廷で作られた作法形式としての「礼節」(courtoisie)が生まれたが、その後本来的な意味としての「宮廷」(cour)への限定性が消え、市民階層にも用いられるようになったという。十六・十七世紀になると、騎士的封建的な武人貴族が次第に消滅し、絶対主義的宮廷貴族が形成されてくる。それとともに「礼儀」(civilité)概念が徐々に社会的に通用しうる振る舞いの表現としてもてはやされる。この時、大きな役割を果たしたのは、一五三〇年に刊行されたエラスムスの小著『少年礼儀作法論』であったという(Elias 1997, Bd.1: 158＝エリアス　一九七七、一四〇頁)。エラスムスは、食事の際、三本の指を使うべきであって、手全体を使ってはいけないと強調しているが、手を使って食べることに変わりはない。このようにエラスムスの「礼儀」には、まだ中世的な性格が残っていた。しかし次第に指を脂で汚すこと、またそれを他人に見られることを不快だと感じるようになり、個人用フォークが使用されるようになる。また中世では、死んだ動物がそのまま食卓で切り分けられていたが、次第に不快感を感じるようになった。エリアスによると、「人間が文明化の変動の過程において、自分自身の『動物的性格』と感じる一切のものをいかに排除しようとするか」ということと同様に、「食べ物についてもそれを人間は排除するのである」(Elias 1997, Bd.1: 253＝エリアス　一九七七、二五九頁)。このようにして、肉の切り分けの行程は、「舞台裏へ移され」、専門的職分へ任せることになったのである。私たち人間が動物の肉を食することによって生命を維持している事実をいかに隠蔽・加工し、「人間化」していくのか、そこに「マナー」は不可欠なのであった。中世時代には、当たり前であった「手」を使って食べる行為も、不快な行為となり、ナイフやフォークを使うことは当然の「マナー」として、しつけを通して内面的に刻印され、「超自我」として機能するようになるのである。

このようにフランスでは、「礼節」(courtoisie)から「礼儀」(civilité)を経て「文明化」(civilisation)へとマナーを意味する概念が変容している。かつて野蛮であった騎士たちも、ルイ十四世時代のような絶対主義的王政時代には、宮廷の主人や奥方に気に入れられようと「文明化された」礼儀作法を身につけようと努力する。王の下に暴力が独占され、平和な社会が生まれると、「文明化された」行動様式が広まっていく。宮廷の規模が大規模になると、王の行政管理機構も拡大し、それに伴い、分業化・細分化が進み、市民階層も参入する。貴族階層は、市民階層と差異化しようとして、宮廷式礼儀作法を自分たちの威信価値として使用する。市民階層から貴族階層へ成り上がろうとする者は、この振る舞いを模倣する。こうして市民階層へ伝播し、さらに十九世紀以来、植民地においても伝播していったのである。

(二) ドイツの事例

フランスと比べて、ドイツにおいては三十年戦争(一六一八—一六四八年)後の経済的疲弊によって、十八世紀においても市民階層が育っておらず、上流階層と中流階層の格差は大きかった。三百ほどの小国に分裂していたドイツの領邦国家においては、次のような社会構造をしていたという。「頂点にはフランス語を話し、ドイツの政治を決定した個人とかグループがいた。そして他方、中流階層の社会、ドイツ語を話す知識層があり、かれらは大体において政治的発展に対しては何の影響力も持っていなかった。本質的にはこの知識層から、ドイツが詩人と哲学者の国と言われるもとになった人々が輩出した。そしてこの知識層から、『教養』と『文化』のような概念が、そのとりわけドイツ的な形成と方向を得たのである」(Elias 1997, Bd.1: 105 = エリアス　一九七七、八七頁)と。つまりドイツ知識層は、十八世紀後半になると、フランス語を話し、洗練されたかのように振る舞う貴族階級への当てこすりを始めたのである。

ゲーテの疾風怒濤時代の小説『若きウェルテルの悩み』には、次のような記述がある。「一七七二年三月十五日の頃には、『僕は歯ぎしりをしている。畜生め……僕は伯爵家で食事をし、そのあとわたしたちは大きな庭園をぶらついていた。すると夜会の時間が近づいてきた。本当に僕は何も考えていなかったのだ。』かれは帰らずにそのままいると、貴族たちがやって来る。女たちはひそひそとささやき合い、それが男たちの間にもひろまっていく。とうとう伯爵が少々当惑しながら、かれに出て行くように頼む。貴族たちは、自分たちの間に市民がひとりまぎれこんでいるのを侮辱と感じているのである」(Elias 1997, Bd.1: 110＝エリアス　一九七七、九二頁)。このように身分制社会においては、同じ空間に居合わすだけで、それは「失礼」で「侮辱」なこと、すなわち「マナーに反する」行為だったのである。こうしたドイツの現状に対して、ドイツ知識人たちは徐々に反抗し始める。

エリアスによれば「一方において礼儀、柔軟、優雅な振舞い、そして他方において確かな教養、名誉より美徳を大切にすること、こうした対比が十八世紀後半のドイツの文献には非常に多い」(Elias 1997, Bd.1: 119＝エリアス　一九七七、一〇一頁)と。これらののちに国民的対立の表現として用いられた人間的性格の対置(「外面的な礼儀」と「真の美徳」等)は、ここではまだ社会的対立の表現として、宮廷貴族階層と中流知識階層の緊張関係を表現しているのである。ドイツ語の「礼儀」Höflichkeit は、もともと「宮廷」Hof に由来しており、ドイツ語の「文明化」Zivilisation が誕生したのは、フランス語に「文明化」civilisation が誕生して間もない、一七七五年のことであるという(福田　一九九二、一五六一頁)。こうした行儀作法という外面的な洗練を意味する「文明化」Zivilisation よりも、学問や道徳による内面的な洗練という「文化」Kultur を人間の発展段階において価値あるものと捉えたのが、カントであった。

(三) カントにとってのマナー

カントは、その歴史哲学的論考である、「世界市民的見地における普遍史の理念」(一七八四年)において次のように述べている。「われわれは芸術学問によって高度な文化をもち、種々の社会的礼節や上品さにおいて煩わしいほど文明化されている。しかし、われわれがすでに道徳化されていると考えるためには、まだ非常に多くのものが欠けている。というのは、文化にはやはり道徳性の理念が属しているのに、この理念をもっぱら名誉心や外見的上品さという疑似道徳に帰着するよう用いるならば、この理念の使い方はただ文明化ということしか意味しなくなるからである」(カント　二〇〇〇、一六頁)と。このようにカントは、「文明化」をいまだ不十分なものと捉え、道徳性の理念を含む「文化」を上位に措定したのである。

こうした枠組みは一七七六-七七年冬学期、一七八〇年夏学期、一七八三-八四年冬学期、一七八六-八七年冬学期の四度実施された、カントの「教育学講義」においても踏襲されている。

カントは教育によって人間が訓練され(diszipliniert)、教化され(kultiviert)、文明化(Zivilisierung)され、道徳化(Moralisierung)されねばならないとする。訓練とは動物性(Tierheit)が人間性(Menschheit)の障害となることを防ぐこと、つまり野性(Wildheit)の抑制である。教化(Kultur)は練達性

(Geschicklichkeit)の獲得、つまり任意の目的を果たす能力の獲得(読み書き能力など)である。さらに人間は賢くなければならず、社会に適合し、人々に愛され、また影響力をもつよう努めねばならないとし、そのために文明化(Zivilisierung)と呼ばれる一種の教化(Kultur)が必要であるとする。その文明化には、マナー(Manieren)、礼儀正しさ(Artigkeit)、ある種の怜悧さ(Klugheit)が必要である。それによって、私たちは、すべての人を自分の究極目的に利用できるのである。文明化はそれぞれの時代の変わりやすい趣味にしたがう。それで、つい二、三十年前には、社交的な虚礼(Zeremonien im Umgange)が好まれていたという。最後に道徳化された人間は万人に是認されるようなよい目的だけを選ぶ心術(Gesinnung)を獲得した人間である(Kant 1982: 16f. =カント 二〇〇一、二三一―二三二頁参照)とする。

このようにみると、カントの教育学においては、人間が人間になる(動物性から人間性へ至る)ためには、訓練、教化、文明化、道徳化が必要となるが、作法としてのマナーは第三の文明化に属するのである。文明化は社会の中で如才なく振る舞うことであり、求められる作法も時代とともに変化するようである。

カントは「われわれは訓練と教化[文化]と文明化の時代に生きているが、しかし道徳化の時代に生きるのはまだ先のことである」(Kant 1982: 17 =カント 二〇〇一年、二三三頁)と、現状を分析している。道徳化を到達できない理念として描いたが、文明化(開化)された状態に対置した文化の状態(真の美徳の状態)を措定しているのであり、マナーは文化化の過程の一段階として捉えられたと言えるのではなかろうか。

(四) クニッゲの人間交際術

フランスと比べて、上流階層(貴族)と中流階層(市民)の交流が閉ざされていたドイツ社会の中で、人々はいかに振る舞ったのか。カントと同様、「啓蒙主義時代」、とりわけフランス革命前後の時代において、マナー本として多くの人々から支持されたのが、クニッゲの『人間交際術』であった(Knigge 2004＝クニッゲ、一九九三)。ここには当時の身分制社会を前提にした記述がなされている。しかしクニッゲは、それを決して無批判に受け入れるものではなかった点が支持された理由だと考えられている。

クニッゲ(Knigge, A.F.v. 一七五二-九六年)は、カッセルやハーナウの宮廷に奉職し社交界の花形となる一方、恨みを買い宮廷を後にした。またフリーメーソンに入会し、秘密結社「啓明会」で指導的立場になるものの、主催者ヴァイスハウプトと対立し、後に脱会している。宮廷を離れた後は流行作家として生計を維持し、一七八七年故郷ハノーファーに戻って執筆したのが、『人間交際術』である。これがたちまちベストセラーとなり、出版した一七八八年同年に第二版が、一七九〇年に改訂増補した第三版が出ている。留学中の森鷗外がいち早く注目し、帰国後「知恵袋」として明治の日本人に合うように改作・紹介するほどであった(小堀桂一郎、一九八〇)。

クニッゲによれば、「私が本書で考察の対象としたい種類の人間とは、……善良な意志と忠実な真心の持ち主であり、なおそれだけでなく、多様できわめて優れた性質を身につけ、世間で成功するため、また他人と自分の幸福を築くため、熱心な努力を傾けて生活し、そしてそれにもかかわらず、他人から誤解を受け、見過ごされ、何一つ成功しない、そういった人」だと述べているが、これらの「タイプの人々に欠けているのは、フランス人のいう『作法のエスプリ』esprit de conduite つまり、人間交際術である」(Knigge 2004: 21＝クニッゲ　一九九三、五五頁)という。これは、「ある種の柔軟さ、社交性、譲歩する気持ち、忍耐、いざという時に自分の激情を押し殺す力、自分を管理する能力」であり、「常に変わらぬ安定した心情がもたらす明朗な心」であるとする。したがって、「作法のエスプリ」を習得すれば、それは「どんな種類の人間と交際する場合でも、私たちに指針を示してくれる」(Knigge 2004: 21＝クニッゲ　一九九三、五六頁)と自負するのである。それは、三百有余の小国に分裂し、階層間の壁が高いドイツにおいて、どのような身分や地域の人とも平等に振る舞うことがいかに困難であるかを理解したうえでの提言なのである。

この本はすべての階層の人々との交際方法をまとめたものであり、彼によれば「世間と社交の場において、幸福かつ満足に他の人々と生活し、隣人を幸福かつ愉快にさせるために、人間はどのように振る舞うべきか、ということを定めた規則集」(Knigge 2004: 8＝クニッゲ　一九九三、五頁)である。

第一部では序論の後、第一章、人間交際術についての一般的規則と注意事項が「人間は、世間の中では自分を演じなければならない」(第一項目)、「自分の幸福を吹聴してはならない」(第七項目)をはじめとして、全六十三項目あげられている。「他人からの親切を受け入れる事は、出来るだけ少ないにこしたことはない」(第十項目)において、「他人からの助けなしにやってゆくための最良の手段は、あまり多くを望まないこと、節度を心得ていること、そして控えめな希望で満足することである」(Knigge 2004: 43＝クニッゲ　一九九三、九二頁)とあるように、基本的に「節度」ある振る舞いが求められている。また「上手なしゃべり方と外面の態度」(第四十三項目)においては、「状況に応じて、話の内容を地味なものにしたり派手なものにしたり、真面目な話にしたり面白おかしい話にしたり、色々と変えること。しかも、ごく自然な語り口でしゃべること。談笑の際にどんな表情をすべきか、よく研究しておかなければならない。自分の表情を自分でコントロールし、決してしかめ面をしないようにしなければならない。…それほど大したことのない話にさえ興奮し、頭や腕、そのほか身体の一部を打ち振り、あちらこちらを叩き回る、などということをする人がいる。このような振る舞いは、してはならない。控えめに柔らかく、しかし真っ直ぐに相手の目を見つめなければならない。相手の服の袖やボタンを引っ張ったり、指の間にいつも何かを挟んで、これをもてあそんだりしてはならない。育ちの良い人、注意のゆきとどいた人は、上品な物腰態度を自然に表にあらわすものだ。交際を気持ちの良いものにするためには、このような自然な上品さを身につけることが必要なのである」(Knigge 2004: 65＝クニッゲ 一九九三、一二六－一二七頁)と、現代の私たちにとっても参考になる記述があるのである。このように「節度」や「品」が求められており、したがって、この「交際術」とは、当時ドイツにおいて求められた人付き合いのための「マナー」だと言えるだろう。こうした一般的交際術を踏まえて、クニッゲはその後、個別的な人間交際術として、第二章「自分自身との交際について」、第三章「様々な気性・気質の人々、様々な気分の精神・心情を持つ人々との交際について」論じている。

さらに第二部では、異世代間や異性との交際術、友人や家族(親子・夫婦)、恋人同士、隣人や客人との交際術や旅行中の心得など主として身分差のない人間同士の関係について論じ、そして第三部では、市民生活を送る上で、接する様々な階層の人間、様々な経済状態の人間との交際について論じている。例えば、第一章「身分の高い人、君侯、貴族、財産家との交際について」では、「貴方が身分の高い人や財産家に依存しているのか、必要としているのか否かによって、交際の仕方を変えなければならない」とし、依存している場合には、「たいていのことには口を閉ざし、相手のお気に召すように振る舞うべきである」(Knigge 2004: 294＝クニッゲ 一九九三、四三九頁)と述べている。また「身分の高い人としゃべる時にはいくら用心しても、用心のしすぎにはならない」(Knigge 2004: 302＝クニッゲ 一九九三、四五三頁)と慎重に振る舞うよう忠告している。一方で宮廷の風習に対して、あからさまな批判も記している。「生半可に貴族の社交術をまねる人間ほど、無粋なものはない。フランスの貴族や宮廷人、政治家のまねをしようとする愛すべき田舎者、朴質な市民、ドイツの愚直居士ほど、無粋なものはない。…あたら青年時代に宮廷で暮らしたことがあるばかりに、ルイ十四世の時代のみやびな言葉遣いが、今ではもうすっかり時代遅れになっている、ということに気づかないでいる人。十七世紀風の洋服かけが、一七九〇年の今となっては、喜劇の芝居小屋でしか使われない代物になっている、ということに気づかないでいる人。――これほど笑止千万なことはない」(Knigge 2004: 324＝クニッゲ　一九九三、四九一頁)。このように内心軽蔑しながらも、「身分の高い人々の世界では、決して心の奥底にある真情を吐露してはならない」、「顔色をうかがわれないように、自分の表情を自分でコントロールせよ。貴方が驚いているのか喜んでいるのか、いやがっているのか不機嫌なのか、回りの人に悟られないようにしなければならない。宮廷に住まう人々は、印刷されたものよりも他人の顔色を読むほうが上手なのだ。表情を読むということが、彼らが学習してきたほとんど唯一のことだ」(Knigge 2004: 333＝クニッゲ　一九九三、五〇六頁)。このように、クニッゲはフランス革命期において、市民の若者にしたたたかに生きる術を伝授する。ここには上流階層へのアンビバレントな見方が湧き出しており、そうした本がよく売れたという事態は、ドイツ啓蒙主義の矛盾した時代状況を反映していると言えよう。

❸ 社交性としてのマナー

(一) 社交性

ところで「文明化」の過程を「規律化」としてのみ、捉えることは当を得ていないだろう。すでに「市民社会の快適さを維持しようとする一種の節度」という木村洋二の文にも読み取れるが、マナーとは、「市民社会の快適さ」に貢献するためのものでもある。これは、「社交性」と言い換えることができるのではなかろうか。「社交性」は「遊戯性」や「ゲーム性」を不可欠なものとする。山崎正和によれば、「長い文明史のなかでも、十五世紀から十八世紀にかかるヨーロッパほど、社交の本質をみごとに例示した社会は少ないようにみえる」(山崎　二〇〇三、一二六頁)として、十七世紀のフランスを社交の黄金期と捉えている。すなわち宮廷の周辺に生まれた女主人公のサロンを舞台にして、典型的な「社会的遊戯」(ジンメル)の世界が実現したというのである。現実社会がいかに不平等であっても、サロンの中では仮の対等性が保証されねばならない。女主人公たちが、「人生最大の楽しみ」として、修辞や用語法を駆使して、客との社交的会話を楽しんだのである。山崎によれば、サロンでの主要な話題が恋愛であり、その駆け引きは「コケットリー」(ジンメル)な振る舞いである。恋愛とは人格の相互評価の最大のゲームであり、このゲームのルールは、男女の平等という仮説なのである。こうした人生の機微を粋に遊ぶことが求められただろうし、またそうした社交にも、守るべきマナーが存在したと言えるのである。

(二) シュライアーマッハーの社交性理論とヘンリエッテ・ヘルツのサロン

クニッゲの本は、「幸福で安らかで有益な人生を、世間で、そして人間の間で送るための規則を与えることが目的」(Knigge 2004: 283＝クニッゲ　一九九三、四二八頁)で書かれた本であり、決して政治的な著作ではない。こういった点を問題にしつつ、より「自由な社交性」を求めたのがシュライアーマッハーであった。したがって、彼は匿名で執筆せざるを得なかった。

シュライアーマッハーは、社会を構成する生活領域として、家族、国家、学界、教会とならんで「自由な社交体」をあげ、そこでの社交的振る舞いについて考察している。この論文の冒頭で「いかなる外的な目的にも束縛されていない、自由に規定された社交体(集まりGeselligkeit)が、あらゆる教養ある人々によって、彼らの第一かつもっとも高貴な欲求の一つとして公然と求められている」(Schleiermacher 1984: 165)と述べている。職業や家事が人間の精神を一面化するのに対して、互いに形成し合う人々の間の自由な交際によって(durch den freien Umgang)人間存在のより高い目標に近づくのである。ここに社交性の人間形成論が描かれる。社交を人間陶冶の重要な手段と位置づけている。さらに彼は社交的振る舞いについてもある種の理論の必要性について言及する。自らの感情に頼る「達人」Virtuoseや、定式化された普遍妥当的な規則にしたがう「理屈屋」Theoristとは異なる「理論家」Theoretikerの必要性が求められる。彼らは、行為の究極の根拠を探求し、社交的生活を芸術作品として構成し、社交的振る舞いを体系的に完全なものとすることが求められるのである。このように、シュライアーマッハーは、「自由な社交体」の人間形成的意義を明らかにした。ただし、彼が、求めた「自由な社交体」を実際に実現することの困難さは、上述したクニッゲの「身分の高い人々」との「交際術」を読めばおのずと明らかなことであろう。

シュライアーマッハーがこうした理論を構想するうえで念頭に置いていたのは、彼が出入りしていたベルリンのサロン、ヘンリエッテ・ヘルツのサロンであったと言われる。

ヘンリエッテ・ヘルツ(Henriette Herz, 一七六四－一八四七年)は、ポルトガルからハンブルクを経て移住してきたユダヤ人家族の出身であり、ユダヤ人病院の最初の医師ベンヤミン・ド・ルモスBenjamin de Lemosの八人兄弟の三番目の娘としてベルリンに生まれた。ヘンリエッテ・ヘルツの社交界における人生は、まだ十三歳にならない年にユダヤ人医師でありカントに師事したマルクス・ヘルツと婚約し、一七七九年一二月一日に結婚してから始まった。

ヘンリエッテ・ヘルツは、語学の才能に優れ、ドイツ語とヘブライ語を流暢に話し、フランス語、イタリア語、スペイン語をマスターしていた。その後英語の翻訳に従事するとともに、ラテン語やギリシア語、サンスクリット語、またスウェーデン語、トルコ語、マレーシア語などの知識も持っていた。夫マルクス・ヘルツの周りには哲学や自然科学を論ずる啓蒙主義者たちが集まる一方で、夫より一七歳も若い美貌のヘンリエッテ・ヘルツの周りにはヴィルヘルム・フォン・フンボルトなど疾風怒濤文学に没頭する男女が集まったのである(櫻井　二〇〇九)。こうしてベルリンに最初のサロン(一七八〇年開始)が開かれた。ここには数多くの客人が姿を見せたという。「ジャンダルメン広場とヘルツ夫人を見ない者は、ベルリンに来たとはいえない」という諺が広まったほどである。ユダヤ人女性であるが故に、身分や性別・役割を超えた人々の「自由な社交」の場が可能だったのである。シュライアーマッハーは、ヘンリエッテ・ヘルツと親しく交際を続け、それを基にしたためた上記の匿名論文を一七九九年の雑誌に掲載したのである。

(三) ジンメルの社交性理論

(1) ジンメル社会学における「社交性」の問題

この「社交性」概念に着目して、それを自己の社会学の理論の中心に据えたのが、十九・二十世紀のドイツにおける社会学の開拓者の一人ジンメル(Simmel, G. 一八五八-一九一八年)であった。ジンメルは、一九〇九年には、テンニエスやウェーバーらとドイツ社会学会を創設している。したがって、「社交性」概念を理解し、「マナー」現象の本質理解を深めるために、ここでさらに、ジンメル社会学について考察することは意味あることだと考えられる。

ジンメル社会学を代表する三つの主要著作は、『社会分化論―社会学的および心理学的諸研究』

(一八九〇年)、『社会学―社会化の諸形式についての研究』(一九〇八年)、そして『社会学の根本問題(個人と社会)』(一九一七年)であった。その他、「社交」に直接関わる論文として、「コケットリー」(一九〇九年)、「社交の社会学」(一九一〇年)[「ドイツ社会学会での講演」]、「食事の社会学」(一九一〇年)、『社会学の根本問題(個人と社会)』(一九一七年)(第三章「社交」)があげられる。

ジンメルの社会観・社会学の捉え方の特徴は、まず第一に「相互作用としての社会、ミクロ革命」と指摘されることが一般的である。それを示しているのが、『社会学―社会化の諸形式についての研究』(一九〇八年)における次のような記述である。

「多くの諸個人が相互作用に入るとき、そこに社会は存在する。この相互作用はつねに一定の衝動からか、あるいは一定の目的のために成立する。性愛的とか宗教的とか、あるいはたんなる社交的な衝動、防御と攻撃といった目的や、さらに遊戯と営利、援助と教授、さらには他の無数の目的が原動力となって、人間が他者と集合し、たがいに助けあい、たがいに共存し、たがいに対立しあって行為し、また境遇を他者と相互関係に置くようになる。すなわち他者に作用を及ぼし、そして他者から作用を受ける。これらの相互作用の意味するところは、右の誘発的な衝動と目的との個人的な担い手たちから統一体、ほかならぬ『社会』が生じるということである」(ジンメル　一九九四(上):一五頁)と。このような捉え方は、「社会」を国家や経済制度などマクロな総体現象のレベルで捉える従来の見方と比べて、異質であるが、今日的な見方として注目を集めているのである。まなざしを交わし合うこと、相互に妬むこと、手紙を交換すること、食事をともにすること、同情すること、反感をもつことなどの個人間の相互作用の中に社会を見るジンメルの捉え方によって今日の社会問題を考察する視覚を入手することができるからである。

また、ジンメルの社会学の第二の特質として、「形式社会学」があげられる。それを示しているのが、ジンメルの次のような言説である。

「いくらかの人びとのそれぞれに、何らかの客観的に規定された生活内容が、あるいは彼らのそれぞれそれを個人的に動かす生活内容が存在するからといって、それによって彼らが社会となるのではない。むしろこの内容の生動が相互の影響の形式を獲得し、一方の他方にたいする作用が――直接にかあるいは第三者に媒介されて――生じるばあい、人びとのたんなる空間的な並存あるいはまた時間的な継起から、はじめてひとつの社会が生じる。それゆえ、ほかならぬただ社会だけを対象とする科学が存在すべきであるとすれば、それはたんにこの相互作用のみを、社会化のこの様式と形式のみを研究しようとすることができる」(ジンメル　一九九四(上)、一七頁)と。このように、ジンメルは、社会をまさに社会たらしめるものについて探求し、政治や経済などの社会の「内容」と「形式」を区別し、社会学の対象を「社会化」の「形式」に焦点化しているのである。その「形式」としてジンメルがあげるのが、「上位と下位、競争、模倣、分業、党派形成、代表、内部への結合と外部にたいする閉鎖の同時性　さらに無数の類似の事柄」(同上、一八頁)である。

ジンメルは、最晩年の著作『社会学の根本問題』(一九一七年)において、社会学を「一般社会学」「純粋社会学」「哲学的社会学」に区分し、第三章で「社交」を「純粋社会学あるいは形式社会学の例」と見なし考察している。つまり、従来の「形式社会学」を継承するものとして「社交」に注目したのである。そこでは、社会を社会化の「形式」として社会化の「内容」を達成するためのたんなる「手段」に貶めていた「形式社会学」の思考様式を修正し、「社交」も宗教や芸術と同様に「社交の世界」として独自の意義と価値を持つことが説明された。このように「社交の世界」が「社会の世界」の純粋例としてあげられたことに、ジンメルにとって「社会」の中心に「社交」が位置していたことが推測できると言えよう。

(2) ジンメルの「社交(性)」理解

ジンメルは、「社会」の本質を、次のように「社交」として捉えている。

「それでもヨーロッパの多くの言語、おそらくはすべての言語において社会が一般にまさに社交的な集合を示しているのは、無意味ではない。国家的な社会、経済活動をしている社会、なんらかの目的観念によって結合した社会、これらはやはりあくまでも『社会』ではある。しかし社交的な社会のみが、まさに掛け値なしの『社会』である。なぜなら社交的な社会は、あの一面的な特徴をもつすべての『社会』の、すべての特殊な内容を原理的にこえた純粋な形式を、すべての内容を形式という純粋な遊戯のなかに解消するいわば抽象的な表象を示すからである」(ジンメル 二〇〇四、六四頁)と。

このように、ジンメルは、「社交」を「社会化の遊戯形式」と見なす。社交は、いかなる客観的な目的も内容も結果も持たず、ただ社交の瞬間的な満足のみを目指すからである。これはまさに労働ではなく、「遊戯」である。したがってジンメルによれば、「社交」という「遊戯形式」が成立するためには、現実社会から距離を取ったもう一つの「虚構世界」の構築が不可欠である。ジンメルは、次のように述べる。

「きわめて注目すべき社会学的な構造がここに現れる。人がほぼ客観的な意義においてもつもの、つまり現今の圏の外部に中心があるような意義においてもつものは、社交へは入り込むべきではない。個人の富と社会的地位、学識と名声、特別の能力と功績、これらは社交においてはいかなる役割も果たすべきではなく、たかだかあの非物質性の軽やかなニュアンスとしてであり、これによってのみ現実がともかくも社交という社会的な芸術現象に入り込むことが許される。しかし人を取りかこむこの客観的なものと同じように、いまはまさに純粋にきわめて深い個人的なものも、社交の要素としては機能から離れなければならない。すなわち生活と性格と、気分と運命とのきわめて個人的なすべてのものも、同じように社交の舞台にはいかなる地位ももたない。まったくの個人的な気分と不機嫌、興奮と意気消沈、最奥の生活の明るさと暗さ、これらを社交へ持ち込むことは――この社交の舞台をもっぱら支配する相互作用要素と矛盾するから――不作法である」（ジンメル　二〇〇四、六六頁）

と。このように、「社交」の世界は、地位の差異などの客観的要素だけでなく、気分などの個人的要素も持ち込んではならない平等な「遊戯形式」なのである。ジンメルは、幾分皮肉を込めて言う。「社交は遊戯であり、そこでは人びとが、すべての人間が平等であるかのように、そして同時に人が各人を特に尊敬するかのように『行なう』」（ジンメル　二〇〇四、七一頁）と。

この点で「社交が社会の諸形式を遊戯するように、コケットリーはエロティシズムの諸形式を遊戯する」（ジンメル　二〇〇四、七四頁）として、暗示的な承諾と暗示的な拒否とを交互に交代させ、男性の心を弄ぶ女性の「コケットリー」に社交の遊戯形式（疑似恋愛）の典型を見たジンメルの洞察力の鋭さを指摘しておきたい。またさらに言えば、女性を中心に組織されたサロンが、文学等の文化の発展にいかに貢献したか、見逃すことはできないだろう。

(3) ジンメルの社交性理論と今日のマナー研究の課題

さて以上のように、ジンメルは社交界の「社交」を純粋な社会形式の理念型と見なした。その点において彼はまったくの他人同士ではなく、いわば「知り合い関係」を中心に社会を考えたと言えるのではなかろうか。しかしながら、今日マナーが問題となるのは、互いに見知らぬ者同士が居合わせる「公共空間」においての人々の「相互作用」ではなかろうか。ジンメルには、「二人の個人がちょっと眺め合ったり、切符売り場で押しあったりしても、二人はまだ社会化しているとはいえないであろう」「社会化のこの表示を正当とするには、そのような相互作用がより頻繁になり、一般にそれに似たより多くのものと結びつきさえすればよいということである」(ジンメル　二〇〇四、一一頁)という表現もある。無関係な人々の関係性として、相互作用の射程を拡大していかなければ、今日のマナー問題は考察の対象に入ってくることはできないだろう。

一方でジンメルは、貨幣の「分離」と「(再)結合」機能について考察した(『貨幣の哲学』一九〇〇年)。菅野によれば、「貨幣は、こうして『局所的』な時間と空間に張り付けられていた人間をそこから『分離』することによって彼らに自由を与え、これまでみてきたような〈顔の見えない〉あるいは『代替可能』で『人格』への関心をもたない『依存関係』のネットワークをますます拡大していく。そういうかたちで分離された人間は再び『結合』しているのだ」(菅野　二〇〇三、二〇一―二〇三頁)と。こうして人間は相互に距離感覚を持つようになったのである。菅野によれば、「それまでのように身分や共同体的規範というマニュアルにしたがった人間関係の作り方ではなく、自分とセンスと判断力により他者との距離をもてるようになり、またそうしたことを社会的にも要求されるようになった」(菅野　二〇〇三、二一三頁)。ハイ・モダニティとしての現代社会では、自らのコミュニケーション能力を頼りに、身近な人々との親密な関係の形成とその場における他者からの承認を得る必要がある。家族ばかりでなく、学校や職場、趣味サークルなどいろいろなところで、〈親密性〉の意識、他者関係への〈繊細な感覚〉〈微妙な距離の取り方〉が要求されている。他者への配慮の感覚はますます高度に要求される。このように親密圏や知人に対しても距離感覚が求められるようになると、見知らぬ者同士で構成される

「公共空間」との差異は減少してきているといっても過言ではないだろう。ジンメルの社交性理論においても「距離感覚」の繊細さは求められていた。どこまで自分を露わにし、どこまで自分を隠すか、相手のプライバシーにどこまで踏み込み、どこで遠慮するかといったセンスが求められていた。このようにみるとマナーがなぜどういう文脈で問題にされるのかを含めて、マナー概念を拡大し、社交性問題として考察するならば、社会におけるマナー問題の布置とその歴史的な構造変化の一端を明らかにできるのではないかと考える。例えば、現代社会におけるマナー問題は、匿名性、流動性、個人性、美意識といった特性を持つのではないだろうか。つまりマナーが問題となる社会を構成するのは、匿名の人物であり、その構成員は瞬時・短期に変化(流動)する。またマナーが問われるのは個人であり、最終的には彼の美意識に帰結するのではないだろうか。

❹ マナー問題の拡散

マナー問題を「文明化」のプロセスにおいて捉える議論の途上において、マナーと「社交性」の関係について考察する「寄り道」が過ぎたかもしれない。しかし、マナーが「社交性」という「遊戯形式」を含んでいることは明らかにされたであろう。「近代西洋社会における文明化とマナー」をめぐる、エリアスの議論に戻ろう。

エリアスによると、フランスでは、すでに十八世紀に、少なくとも市民階層の上層部と宮廷貴族階層の間には、礼儀作法の点でもはや著しい相違は存在しなかったという。宮廷市民階層と宮廷貴族階層は、両者とも同じ言語を用い、同じ書物を読み、ある一定の段階においては、同じ礼儀作法を守っていた。「旧政体」の制度構造が壊滅し、市民階層が国民となったとき、宮廷貴族階層やさらに宮廷市民グループの持っていた、本来とりわけ宮廷的で、いわば他から自分を区別する社会的性格の多くも、ますます激しくなっていく拡張変動の中で、着実に国民的性格に作り変えられた。「慣習的な文体、社交形式、情感のモデル化、礼儀の尊重、良い言葉遣いと会話の重要性、言葉の明瞭な発言、その他もろもろのものすべてが、フランスではまず宮廷社会の内部で確立され、そして継続的な拡張変動の中で徐々に特定の社会的性格を失って国民的性格を持つようになる」(Elias 1997, Bd.1: 133＝エリアス　一九七七、一一五頁)。

このように、マナーはある階層に発生しても次第に他の階層に伝播・拡大し、国民として共有されることになった。したがって、自国において文明化を主導してきた「差異化の機能」を果たすことがもはや困難になった。つまり、マナーを所持することは「国民」として当然な事柄と考えられることになったと言えよう。マナーは、特定の人のためではなく、国民みんなのものとなったのである。

しかし「文明化」は、国境内に止まることなく、それを超えていく。エリアスによると、「西欧社会の植民運動のスローガンが『文明化』であるのは、西欧社会の構造にとって少なからず特徴的である」(Elias 1997, Bd. 2,: 438＝エリアス　一九七八、四四八頁)と。これは、「文明化」の陰の部分と言えよう。たしかに「文明化」と「コロニアリズム」は、密接な関係があるのである。

日本は、植民地化を免れたものの、「西洋化」はなされた。「西洋風のマナー」は、文明開化と称して、上流階層が模倣し、その後、すべての日本人が身につけねばならない「国民的課題」となったのである。野村雅一によれば、半裸で生活していた日本の庶民に、衣服でからだを包み、履き物をはく生活が一般化したのは、明治三十年代のことであるという。すなわち「裸体に羞恥を感じない人びとには裸体の禁令は文明開化の理不尽のあかしのようにもみえた」(野村　一九八三、一二頁)からであるという。このように徐々にではあっても、日本においても文明化の波に抗することはできなかった。近代西洋社会に生起し発展したマナー概念は、極東の島国の野蛮な行動様式(腹切り等)を文明化し、洗練化したのである。

さて、マナーの国民化とは、大衆化でもある。大衆とは、「異質な属性や背景を持つ匿名の多数者からなる未組織の集合体を意味する」(塩原　一九八八、五七六頁)。こうした匿名の多数者からなる未組織の集合体を大衆と呼ぶにしても、問題になるのは、この匿名な存在者としての「ひと」がどう振る舞うべきかという新たなマナー問題である。こうした問題に光を与えたのが、ジンメルと同様「相互行為」を問題にしてきた現代アメリカの社会学者、アーヴィング・ゴッフマン(一九二二―一九八二年)であった。

ゴッフマンはジンメルの「純粋な社交術」を紹介して、富、社会的地位、博識、名声、希有な才能や功績など客観的特性を集まりの中に入れてはならないという「無関連のルール」について言及している。すなわちジンメルによれば「社交術とは人がみんな平等である『かのように振舞い』また同時に、そこにいる一人一人を特に尊重しているかのように振舞うゲームである」(ゴッフマン　一九八五、八頁)と。しかしながら、ゴッフマンは、ジンメルが「社交術」を一種の遊びの世界に限定したことを批判し、むしろごく普通の人間交流、日常行動を理解するための新たな枠組みを模索した。こうして、社交パーティだけでなく、街路、公共交通機関の車内、公園といった公共空間に対象を広げ、人々が、いかにそこにいる他人を「ただ単に居合わせた人」として、平等に扱っているかについて独自の考察を行った。つまり人々は、人それぞれの持つ属性に対する関心を意図的に消しているのである。したがって、こうした他者への「無関心」は、実はマナー軽視ではなく、むしろ現代の「マナー」に準拠した行為とも言えるのではなかろうか。

おわりに

「節度」や「身体技法」として、また「差異化のパフォーマンス」として、西洋近代に始まった「マナー」

概念は、今日「文明化した『国民』」に共有され、もはや「同一化」されてしまったと言えるだろう。「マナー」を保持することは、階層的に何の威信ももたらさない。むしろ「国民」としての最低限のマナーが求められるのみである。それは、クニッゲやジンメルが指摘した、「知り合い」のために「演技」することではもはやなく、見知らぬ人々（stranger）の目を意識して、「演技」することを意味するのである。そのために、「はじめに」で触れた『阪急電車』のように、人々が見知らぬ人の視線を避けることは、「自然な」振る舞いだと言えよう。「社会」の変容にしたがって、求められる「マナー」行動もまた変容していることを見逃してはならない。ただし、マナーそれ自体の基準が「羞恥心」や「不快感」であることは変わらないと言えるだろう。

《引用・参考文献》

・有川　浩、二〇一〇年　『阪急電車』幻冬舎文庫
・エリアス、N.、一九七七年　赤井慧爾ほか訳『文明化の過程―ヨーロッパ上流階層の風俗の変遷』上　法政大学出版局＝Elias, N., 1969a *Über den Prozess der Zivilisation*, Erster Band, Bern; München: Francke Verlag.
・エリアス、N.、一九七八年　波田節夫ほか訳『文明化の過程―社会の変遷／文明化の理論のための見取図』下　法政大学出版局＝Elias, N., 1969b *Über den Prozess der Zivilisation*, Zweiter Band, Bern; München: Francke Verlag.
・エリアス、N.、一九八一年　波田節夫・中埜芳之・吉田正勝訳『宮廷社会』法政大学出版局＝Elias, N., 1975

Die höfische Gesellschaft: Untersuchungen zur Soziologie des Königtums und der höfischen Aristokratie mit einer Einleitung: Soziologie und Geschichtswissenschaft, Darmstadt und Neuwied: Luchterhand.
・大平章編著、二〇〇三年『ノルベルト・エリアスと21世紀』成文堂
・奥村　隆、二〇〇一年『エリアス・暴力への問い』勁草書房
・カント、I.、二〇〇〇年　福田喜一郎訳「世界市民的見地における普遍史の理念」『カント全集　歴史哲学論集』第一四巻、岩波書店
・カント、I.、二〇〇一年　加藤泰史訳「教育学」『カント全集　論理学・教育学』第一七巻、岩波書店
・菅野　仁、二〇〇三年『ジンメル・つながりの哲学』ＮＨＫブックス
・木村洋二「マナー」(見田宗介・栗原彬・田中義久編『社会学事典』弘文堂、一九八八年所収)
・クニッゲ、A. H.、一九九三年　笠原賢介・中直一訳『人間交際術』講談社
・菊盛英夫、一九七九年『文芸サロン』中公新書
・ゴッフマン、E. E.、一九八〇年　丸木恵祐・本名信行訳『集まりの構造』誠信書房
・ゴッフマン、E. E.、一九八五年　佐藤毅・折橋徹彦訳『出会い』誠信書房
・小堀桂一郎、一九八〇年『森鷗外の「知恵袋」』講談社
・櫻井佳樹、二〇〇九年「フンボルトとヘンリエッテ・ヘルツ」(中国四国教育学会編『教育学研究紀要』(CD-ROM版)第五五巻、六一―一一頁)
・塩原　勉「大衆」(見田宗介・栗原彬・田中義久編『社会学事典』弘文堂、一九八八年所収)
・ジンメル、G.、一九九八年　居安　正訳『社会分化論・宗教社会学』青木書店
・ジンメル、G.、一九九四年　居安　正訳『社会学』(上巻・下巻)白水社
・ジンメル、G.、二〇〇四年　居安　正訳『社会学の根本問題(個人と社会)』世界思想社

・野村雅一、一九八三年　『しぐさの世界』ＮＨＫブックス
・ハーバーマス、J.、一九七三年　細谷貞雄訳『公共性の構造転換』未来社
・福田　逸、一九九二年　「文明」(渡部昇一編『ことばコンセプト事典』第一法規)
・ブルデュー、P.、一九九〇年　石井洋二郎訳『ディスタンクシオン―社会的判断力批判』ＩＩＩ　藤原書店＝Bourdieu, P., 1979, 1982, *La distinction: critique sociale du jugement*, Paris: Éditions de Minuit.
・プレーガー、W.、H.、一九九八年　増渕幸男訳『シュライアーマッハーの哲学』玉川大学出版部
・ベーン、M.、V.、一九八四年　飯塚信雄他訳『ドイツ十八世紀の文化と社会』三修社
・ホーン、G.、一九九八年　伊藤秀一訳『ロマンを生きた女たち』現代思潮社
・前川道介他編、一九九一年　『詩人たちの回廊』(ドイツロマン派全集、第一九巻)国書刊行会
・モース、M.、一九七六年　有地　亨・山口俊夫訳『社会学と人類学ＩＩ』弘文堂
・山崎正和、二〇〇三年　『社交する人間』中央公論新社
・吉見俊哉「身体技法」(見田宗介・栗原彬・田中義久編『社会学事典』弘文堂、一九八八年所収)。
・渡部昇一編、一九九二年　『ことばコンセプト事典』第一法規
・Elias, N., *Über den Prozeß der Zivilisation*, Bd.1, 2 Amsterdam 1997.
・Geselligkeit, gesellig. In: *Historisches Wörterbuch der Philosophie Bd.3*, hrsg.Joachim Ritter, Basel/Stuttgart 1974.
・Kant, I., *Ausgewählte Schriften zur Pädagogik und ihrer Begründung*. Paderborn 1982.
・Knigge, A.F. v., *Über den Umgang mit Menschen*, München 2004 .（初出 Knigge, A.F.v., *Über den Umgang mit Menschen*. 1788.）
・Mollenhauer, K., *Zur pädagogischen Theorie der Geselligkeit*, In: ders., *Erziehung und Emanzipation*, München 1973.

・Mollenhauer, K., *der frühromantische Pädagoge F.D. Schleiermacher*, In: ders., *Umwege*. Weinheim/ München 1986.
・Schleiermacher, F.D.E., *Versuch einer Theorie des geselligen Betragens*. in: *Berlinisches Archiv der Zeit und ihres Geschmacks* 5, Teilband 1, Berlin 1799. In: *Schriften aus der Berliner Zeit 1796-1799*. Hrsg.v.G.Meckenstock, Berlin/New York 1984.

第三章　あいさつと超越性
――祈りとしてのあいさつのために

鳶野 克己（立命館大学）

木のあいさつ

ある日　木があいさつした／といっても／おじぎしたのではありません／
ある日　木が立っていた／というのが／木のあいさつです／そして　木がついに／
いっぽんの木であるとき／木はあいさつ／そのものです／ですから　木が／
とっくに死んで／枯れてしまっても／木は／あいさつしている／ことになるのです

（石原　一九六九、九六頁）

❶ 問題の所在

本章は、私たちにとって一見きわめてなじみ深い日常的なマナー行動としてのあいさつをめぐる教育人間学的考察の一可能性を提示する試論である。

教育的な関心から取りあげられるマナー行動としてのあいさつは、主として躾や礼儀作法の問題と関連づけられながら、集団への帰属や共同生活への適応、良好な人間関係の成立、維持、発展といった視点に立って、その指導の必要性が説かれることが常である。すなわち、あいさつの教育に関する議論は、子どもに対して求められる望ましい社会的行動様式や基本的生活習慣としてあいさつを位置づけたうえで、教育の場でそれを身につけさせるための計画や方法や技術をめぐって展開されることが一般的であるといえよう。そこでは、日常生活におけるあいさつは、もっとも身近で基本的なマナー行動としてそれが果たす役割や担う機能という観点から、隅々まで自明の営みであるかのごとく捉えられているように思われる。しかし、人間の営みとしてのあいさつが教育にとって意味するところは、子どもにおける望ましい社会的スキルの習得や社会性の涵養に関わる議論の枠内に果たして収まりきるものだろうか。こうした議論は、「おはよう」や「こんにちは」、「ありがとう」や「さようなら」といった私たちが日々幾度となく口にし耳にするあいさつ、きわめて平易で単純な言葉遣いでもって交わされるこれらの一見平凡でなじみのあいさつの奥底深く内包されている人間学的な意味の核心を探り当て、その核心を映し担ったあいさつと教育との結びつきを語り出せているだろうか。

私たちは、マナーと人間形成との関わりの全体像を人間学的に明らかにするという本書を貫く共通の課題意識に基づいて、日々交わされる何気ないあいさつの営みを、今ひとたびあらためて具《つぶさ》に丁寧に振り返ってみようと思う。それというのも、あいさつが柔らかく細やかに伸びやかに生きられているとき、あいさつは、集団における共同生活や人間関係からの要請や促しに則した他者への働きかけと応対といった社会的位置づけを貫き超えて、他の動物とは決定的に異なる固有で独自の人間的な生の次元で、世界における他者や事物や出来事と出会い交わる営みとして見いだし直されうると考えるからである。

本章では、あいさつがそこへと差し向けられる人間に固有で独自のこうした生の次元を超越性として特徴づけて捉え、その内実を人間学的に考察していく。あいさつが生の超越性の次元に触れる営みであるとき、あいさつはまた、社会的経済的な合理性を超えた人間の根本的生き方としての「祈り」の問題とも深く結びついてくるだろう。祈りはあいさつの超越性が際だった形で開示されてくる営みであると思われる。望ましい社会的行動様式や基本的生活習慣としてのあいさつ行動がもつ教育的な意義と役割を承認しつつも、あいさつにおける超越性の問題に光をあて、祈りという営みに向けてあいさつを位置づけ直すことで、マナーと人間形成との関わりをめぐる議論の深化に寄与しうる教育人間学的論点を提示したいと考える。

考察は概ね以下のごとき手順で進められる。まず、「あいさつの教育」の主要な論拠となっている、「社会生活に広く深く浸透したマナー行動としてのあいさつ」という考え方の要点を整理する。次に、学校教育におけるあいさつの基本的な位置づけと指導方針について、現行の『小学校学習指導要領』、『中学校学習指導要領』、『幼稚園教育要領』並びに『保育所保育指針』などにおける該当箇所を取りあげ考察する。これらのテクストにおいて、教育や保育のねらいや内容と関連づけられつつ、あいさつについて具体的にどのように記述されているかを辿りながら、その記述を特徴づけているあいさつ理解の在り方を分析し、批判的な検討を加えていく。続いて、この検討作業を通じて浮かび上がってくるあいさつにおける超越性の次元に焦点を合わせ、あいさつを祈りとして捉えることの人間学的な意味を明らかにしていきたい。そして最後に、あいさつの教育の人間学的核心は、私たちが、あいさつにおいて具現する祈りという生の在り方に子どもたちとともに目覚め、あいさつを交わし合う何気ない日常生活における超越性の次元をあらためて深く生き始めるところにこそあると論じ及んで稿を結ぶこととする。

❷ あいさつへの視点

「あいさつとは何か」について、本章における考察の出発点を以下に少しく確認しておく。あいさつとは、まずもって、私たちが日常生活の中で他者と出会い応対する際、自身とその他者との関わりの在り方に応じて用いる、定型化された一連の言葉や身ぶりからなる相互作用的な行動を指すと説明することができる。あいさつは、こうした応対の様式として、社会生活に広く深く浸透している。起床から就寝に至るまで、私たちは毎日さまざまな他者と出会い、当然のごとく定型化されたあいさつを交わしているのである。しかしいうまでもなく、こうした他者との関わりの在り方は決して一様でないがゆえに、あいさつに用いられる言葉は一方では定型的である反面、他方ではかなり多様であり、ある言葉をあいさつとして用いる意図や目的も必ずしも単純なものではない。また、あいさつという語それ自体の語義も思いのほか多義的で幅広い（注1）。

家族や友人・知人間の慣れ親しい声かけや言葉かけから、上司・部下・同僚、先輩・後輩・同期、師匠・弟子それぞれの関係の違いに応じて使い分けられる言葉のやりとり、初対面のややあらたまった自己紹介、さらには、さほど親密ではない相手に対する依頼や打診や承諾や断りの言辞、公私大小諸々の儀式・行事や催しの席における宣言や祝辞や謝辞や社交の弁舌、果ては相当特殊な場における演説や口上や仁義のたぐいに至るまで、あいさつの言動は実に多岐にわたる。こうした社会的交渉や交流の開始と終了、継続や中断や再開に伴うやりとりに際し、私たちはそれぞれの時と場にふさわしい身体表現を交えて、実にさまざまなあいさつの言葉を交わしているのである。

また、あいさつの言動は、定型的一般的な意味の水準にとどまらず、それが交わされるその都度のいわば語用論的働きによってもたらされる事態のすべてが語義として包含されていると見なすこともできる。例えば、「おはよう」は、一般的には一日の始まりに際して、知り合いや親しい者同士の間に交わされる社交の姿勢や親愛の気持ちを示し合う声かけであるといえようが、その含意は、両者がおかれた関係や状況の現状に応じて一様ではない。すなわち、「おはよう」は、しばしば、昨夜元気のなかった相手へのいたわりやはげましといった特別な配慮の表現であり、時には、仲直りやより親密な関わりのきっかけを求めるための切実な思いの発露であり、あるいは、今日一日の共同作業に向けた参加姿勢をあらためて確認し共有しようとする意思の伝達であるといった意味をもつのである。呼びかけ、応え、交わされる「おはよう」の言動は、それが生じ来る文脈に即して含意されるこうした意味に応じて、両者の間にさまざまな事態を生み出していくことになる。

加えて、言語社会学者鈴木孝夫が述べるように、「あいさつが社会生活において果す役割、意義といった面を、つきつめて考えて行くと、普通私たちがあいさつとは考えていないような言語行動にも、あいさつと本質的につながる面がある」(鈴木　一九七五、六七頁)ことが明らかになってくる。すなわち、私たちが、日常生活の中で、他者との関わりの成立や維持や調整や進展に関わって語り交わす言葉は、原理的にみれば、すべてあいさつの言葉として機能しているのである。その意味で、言語を用いる私たちの日々の社会生活は、あいさつに始まり、あいさつに終わるといっても過言ではないだろう。

「あいさつとは何か」について、本章での考察の基本的出発点を以上のごとく踏まえたうえで、あいさつとマナー行動との関連へと論を進める。マナーが、社会の中で人と人とがともに心地よく生きることに向けて、互いに円滑で安定した関係をもつために、成員間に共有される定型化された一連の行動様式であり、強制力をもって義務づけられる法律と「外部から立入ることのできない個人の心の問題」(熊倉　一九九九、viii頁)との「中間地帯」(熊倉　一九九九、ix頁)に位置するとされるとき、あいさつは、もっとも身近で基本的なマナー行動の一つであるということができる。あいさつもまた一般に、私たちが良好な人間関係の基に社会生活を営むために、まさに法的義務とも個人的な趣味や価値判断とも異なる形で督励される行動だからである。たしかに、社会的適応という観点からすれば、あいさつ行動は、他者との出会いに際して、対等な関係か上下の区別がある関係か、親密な関係か疎遠な関係かを問わず、その関係を動揺させ互いの生存や生活を脅かすような争いや混乱を回避し、私たちが他者との間で安定した平和的な共存・共生関係を実現し、維持するための有力なマナーの方略であるといえる。

こうしたマナー行動としてのあいさつは、先にも述べたように、教育の場では、子どもにとって望ましいとされる基本的な生活習慣として、日常的に主題化されて採りあげられる事象となる。実際、家庭や学校の内外を問わず、私たちは子どもたちに対して、朝の「おはよう」や寝る前の「おやすみなさい」をはじめ、「こんにちは」、「さようなら」、「お願いします」、「ありがとうございます」、「失礼します」、「いただきます」、「ごちそうさま」、「行ってきます」、「ただいま」など、それぞれにふさわしい身ぶりを伴うさまざまなあいさつ行動を喚起し、促し、指導している。あいさつが、家庭や学校や地域における人と人とのつながりの中で自己を見いだし、自己を育てていく子どもの社会的文化的発達にとって重要な役割を担っていると考えられているからである。

子どもは、マナー行動としてのあいさつの習得を通じて、剥き出しの攻撃性にしばしば互いに晒され合う衝動的な生の在り方から離床し、行動の粗暴さや野蛮さが抑制され、洗練された高度に社会的文化的である人間的な生の在り方へと歩みを進めるのである。したがってその意味では、あいさつ教育の重要性が、子どもの社会的文化的発達の視点から強調されることの妥当性は疑いえない。また、人間と人間以外の動物に見られるあいさつに相当する諸行動の比較を通して、人間を含む動物全般のあいさつ行動の起源や機能などについて詳細で明解な主張を展開する動物行動学的な研究からも、子どもへのあいさつ教育の社会的文化的意義は、その有力な根拠づけを得ている(注2)。

概ねこのような論拠に基づいて、あいさつは、幼い頃から子どもたちが身につけることが望まれる基本的な社会的生活習慣として、学校を中心とした教育の場で、教育内容に盛りこまれる。次節では、具体的に学校教育の場で、あいさつがどのようなものとして位置づけられ、指導すべきものとして扱われているかについて、小学校・中学校の『学習指導要領』、『幼稚園教育要領』、『保育所保育指針』における該当箇所の記述を取りあげて検討していく。

❸ あいさつの教育

まず、小学校と中学校の教育において、あいさつの問題が主題的に取りあげられ、そのねらいや内容、指導の観点や方針などが明示され解説されるのは、主として「道徳教育」に関わってである。

例えば、平成二三年度から全面実施された現行の『小学校学習指導要領』の第三章「道徳」において、時と場をわきまえた礼儀正しい言動としてのあいさつは、「主として他の人とのかかわりに関すること」と括られる教育内容の重要な一つをなしている。とりわけ低学年(一・二学年)を対象とする箇所では、内容項目としてはっきりと、「気持ちのよいあいさつ、言葉遣い、動作などに心掛けて、明るく接する」ことが掲げられている。加えて、『小学校学習指導要領解説　道徳編』では、この項目が、「他の人とのかかわりにおける習慣の形成に関するものであり、状況をわきまえて心のこもった適切な礼儀正しい行為ができる児童を育てようとする」ものであるとしたうえで、「特にはきはきとした気持ちのよいあいさつや言葉遣い、動作などの具体的な指導を通して明るく接することのできる児童を育てることが大切である」と述べられている。要するに、あいさつとは、適切な言葉遣いや態度とも相まって、良い人間関係を築き、社会生活を円滑にするための礼儀正しい行動の一環であり、子どもたちに「身近な人々と明るく接する中で、気持ちよく感じる体験を数多くさせながら繰り返し指導し、しっかりと身に付けさせるようにすることが求められる」のである。

中学年（三・四学年）や高学年（五・六学年）になると、低学年における「あいさつ」の内容項目に対応する箇所では、「あいさつ」という語は直接には見られず、「礼儀の大切さを知り、だれに対しても真心をもって接する」（三・四学年）や「時と場をわきまえて、礼儀正しく真心をもって接する」（五・六学年）といった表現が用いられている。しかし、こうした項目の指導の観点を解説する箇所では「あいさつや言葉遣いなど、相手の気持ちに応じた対応ができるようになる」（三・四学年）や「恥ずかしさなどもあり、時として心のこもったあいさつができない場面も出てくることが考えられる」（五・六学年）など「あいさつ」という語が見える。「心のこもったあいさつ」や「相手の気持ちに応じた」あいさつや言葉遣いができるように指導することが、「礼儀の大切さを知り」、「礼儀正しく真心をもって接する」というこれらの学年に位置づけられた道徳の内容項目を実現するうえで変わらず重視されていることが伺える。時と場をわきまえてのきちんとしたあいさつは、「他の人とのかかわり」における礼儀や真心のもっとも基本的な表現であり、そうしたあいさつ習慣の形成は小学校における道徳教育の支柱的課題の一つとみなすことができる

一方、平成二四年度から全面実施の『中学校学習指導要領』の第三章「道徳」にあっては、「あいさつ」という言葉は直接には用いられない。しかしながら、小学校の場合と同様、やはり「主として他の人とのかかわりに関すること」と括られる内容の最初の項目で「礼儀の意義を理解し、時と場に応じた適切な言動をとる」という記述があり、あいさつが含意された礼儀に適った言動の重要性が唱えられて

いる。そして加えて、適切な言動に現れる心情や伝統にも十分留意した内面的な指導を重視することが強調される。すなわち、小学校におけるような「おはよう」や「ありがとう」といったあいさつ習慣の形成それ自体の重要性を踏まえたうえで、さらにそうした個々のあいさつの言動を背後で支えるものとして、「他の人とのかかわり」における礼儀や振る舞いのふさわしさにまつわる心情や伝統に気づかせることが唱えられているのである。

また、『小学校学習指導要領解説　道徳編』と『中学校学習指導要領解説　道徳編』でともに謳われているように、現在の道徳教育の基本的考え方においては、道徳教育は、各教科、外国語活動、総合的な学習の時間及び特別活動のそれぞれの特質に応じて行うとともに、「あらゆる教育活動を通じて、適切に行われなくてはならない」とし、日常生活の全体が児童・生徒の道徳性を育む機会でもあるとするものである。これを受けて、学校、家庭、地域ぐるみで「あいさつの日」を定めたり、「朝のあいさつ運動」を掲げたりなどして、より広汎な社会的連携のもとに「あいさつ」の教育を展開、推進している例も私たちのしばしば眼にし耳にするところである。学校の内外の別を超えて、心をこめてしっかりとしたあいさつができることは、私たちの日常的な生活実感からしても、道徳的に好ましい子どものイメージとして定着しているのである。

『学習指導要領』に見られる道徳教育の考え方によると、礼儀の基本は、相手に対して敬愛する気持ちを示すことであり、具体的には相互に承認された一定の言葉遣いや態度や動作、すなわちその場その時にふさわしい言動としてのあいさつに表れるとされる。そして、こうした時と場にふさわしい言動は、人間関係や社会生活を円滑にするために創り出された優れた文化の一つ(『小学校学習指導要領解説　道徳編』及び『中学校学習指導要領解説　道徳編』)と位置づけられている。そこでは、気持ちのよい言葉遣いや動作としてのあいさつの指導は、他の人との関わりにおける望ましい習慣の形成に関するものであり、状況をわきまえ、相手の気持ちや立場に立って、心のこもった適切な礼儀正しい行為ができる児童・生徒を育てようとすることが目指されているのである。

このように、小学校・中学校における道徳教育の内容として「主として他の人とのかかわりに関すること」の中であいさつが扱われるとき、あいさつは、社会や人との関わりにおける時と場をわきまえた礼儀正しい言動が大切であるとの考え方を基に、子どもの生活における社会性の次元に焦点づけて捉えられ、そこで明らかになる教育的課題としての社会化の問題圏に収められているように思われる。つまりあいさつは、当該社会の成員として認められて生きていくうえで、獲得し共有していくことを督励される社会的に有用で有益なスキルの一つと捉えられるのである。

これに比べると、幼稚園教育や保育の分野におけるあいさつの位置づけは、ややその色合いを異にするように見える。それというのも、小学校・中学校での道徳教育における「主として他の人とのかかわりに関すること」の中で扱われるあいさつは、平成二一年度から実施された現行の『幼稚園教育要領』の第二章「ねらい及び内容」においては、「人とのかかわりに関する領域「人間関係」」ではなく、「言葉の獲得に関する領域「言葉」で取りあげられているからである(注3)。「親しみをもって日常のあいさつをする」という項目がそれである。領域「言葉」は「経験したことや考えたことなどを自分なりの言葉で表現し、相手の話す言葉を聞こうとする意欲や態度を育て、言葉に対する感覚や言葉で表現する力を養う」ことが目的とされる。そして、「気持ちを言葉で表現する楽しさ」や「人の言葉や話などをよく聞き、自分の経験したことや考えたことを話し、伝え合う喜び」を味わうこと、「日常生活に必要な言葉が分かるようになるとともに、絵本や物語などに親しみ、先生や友達と心を通わせる」ことがこの領域のねらいとして掲げられている。同じく平成二一年度から適用された現行の『保育所保育指針』でも、これとほぼ同様の文言が、第三章「保育の内容」における「教育に関わるねらい及び内容」での領域「言葉」に見られる。

『幼稚園教育要領』の領域「言葉」における「内容の取扱い」には、「言葉は、身近な人に親しみをもって接し、自分の感情や意志などを伝え、それに相手が応答し、その言葉を聞くことを通して次第に獲得されていく」とあり、「言葉による伝え合いができるようにすること」が指示されている。あいさつは、そうした言葉の獲得や伝え合いにとって重要な方途なのである。幼児教育や保育の分野では、あいさつは、時と場にふさわしい礼儀正しさとしてのマナー行動というより、先生や友達への親しみの気持ちを言葉で表し合い、伝え合い、受け止め合う喜びの交流体験として捉えられているといえる。

『幼稚園教育要領解説』では、こうした「ねらい及び内容」を受けて、幼稚園でのあいさつとは、日常生活の中で子どもたちが、朝の出会いを喜びあい、帰りの別れを惜しみあい、明日の再会を楽しみにすることを伝え合うことであるとし、さらには、返事をしたり、相手への感謝やお礼の気持ちを表したり、相手のことを心配したり、元気になったことを喜んだりすることも、あいさつに含まれると説明している。また教師が、教師同士で、あるいは子どもたち、保護者や近隣の人たちに対して、園での生活の流れに沿って気軽にあいさつを交わしたり、感謝やお礼の気持ちを言葉で伝えたりする姿を示すことで、子どもたちの中に、あいさつの心地よさや大切さが学ばれていくとも述べられている。『保育所保育指針解説書』では、「保育士等や友達と共に楽しく生活する中で、子どもはあいさつの習慣を身に付けて、相手への親しみをこめてあいさつを交わすようになっていきます」として、親しみのこもったあいさつを交わしあうことに向けて、あいさつの習慣化への促しが示されている。

このように、あいさつは、小学校・中学校では道徳教育における「主として他の人とのかかわりに関すること」の「内容項目」として、幼稚園・保育園では領域「言葉」の「内容」としてそれぞれ位置づけられ、その教育的な役割や意義が明示されている。両者には、道徳教育と領域「言葉」という位置づけの違いに応じて、「相手への敬愛に基づく礼儀に適ったマナー行動としてのあいさつ」か「言葉を親しく交わしあうことの喜びを伴う身近な人との交流としてのあいさつ」かという力点の置き方に差があるとはいえる。しかしそこには、相手への親しみや敬愛の心がこもった礼儀正しい言葉遣いや行動からなる社会的に望ましい基本的生活習慣としてあいさつを捉えるという点で強い共通性がある。すなわち、あいさつは、子どもたちが社会における心地よく良好な人間関係を築き維持するための生活習慣の形成に関わる問題とされ、あいさつ教育の役割や意義の中心は、もっぱらその社会性の次元で論じられていると見ることができる。

これはいわば、人間的な生の水平方向への広がりにおけるあいさつ問題の議論といえよう。しかし、教育におけるあいさつ問題は、こうした水平方向からのアプローチに収まりきるのだろうか。例えば、小学校への登校の朝、校門でのあいさつ指導の一環として、先生と子どもたちの間に交わされる「おはよう」、「おはようございます」のやりとりを思い浮かべてみよう。子どもたちへのそうした「おはよう」の声かけと、「おはようございます」という子どもたちからの応答の促しといった教育活動の目指すところは、気持ちのよいあいさつの交わし合いを通じて、子どもたちが学校という社会生活の場における良好で活発な人間関係を築き保ち、その関係に支えられて一日の意欲的で円滑な学習活動を進めることに寄与するといったことにつきるだろうか。

そうではなく、私たちは、登校してきた子どもたちの「おはよう」、「おはようございます」の声が向かうところは、実りある学習活動へと方向づけられた先生や友だちとの良好で活発な関係が展開される次元にとどまるとは限らないと考えてみたい。子どもたちが朝のあいさつを交わすとき、その声が直接に呼びかけ、応答している相手は、校門に立っている先生や今歩きながら一緒に教室に向かう友だちであろう。しかし同時に、その「おはよう」、「おはようございます」の声は、先生や友だちとの社会的な関わりの次元を突き抜けた世界へと解き放たれる。そしてその声を受けて、世界は子どもたちに向けて目覚ましく新たに開闢し、子どもたちは自己の心身の全体をもってその中へと歩みいるのではないか。あいさつは、このとき、先生や友だちとの関係における社会的に有用で有益なマナー行動であることを超えて、その朝開闢《かいびゃく》した世界において出会われる他者や事物や出来事との喜びに満ちた交感の表現となるのである。そしてこうした交感の表現としてのあいさつは、校庭の傍らに作った小さな小屋で大切に飼っているウサギにも、校舎の中庭にある花壇で丁寧に世話している草花にもきっと投げかけられ、届けられうるだろう。あるいは、今日一日を過ごす教室の黒板や机や椅子に向かうこともあるだろう。さらには、教室の窓から見上げた太陽や雲や空の彼方にまで響き伝わっていくかもしれない。総じて、この「おはようございます」の声は、他の人との良好で円滑な社会的関わりの構築や維持といった次元に閉ざされはしないのである。

私たちは今日も当たり前のごとく、「おはよう」といって人と出会い、「お願いします」といって人と交わり、「さようなら」といって人と別れる。しかし、眼前の相手への一言一言のあいさつごとに、あいさつを生きることの質的な深まりと広がりが増していくとき、世界における他者や事物や出来事は、既存の社会的な文脈から解き放たれ、思いもよらないもう一つの相貌を私たちに開き示してくると思われる。何気ないあいさつのやりとりが時に抑えがたい強度をもって私たちの胸を打ち揺さぶるのは、私たちが、あいさつを通して開示される世界における他者や事物や出来事の相貌が湛《たた》えるこうした瑞々《みずみず》しさに触れ、心身の内奥からそれに激しく深く感応するからだろう。

水平方向の広がりにおける社会性の問題圏を超えて生きられるあいさつのこのような次元は、いわば人間的な生の垂直方向において現れてくる超越性の次元であるといえよう。教育が、子どもたちが社会の中で望ましい人間関係を築きながら育っていくことを援助する面をもつことはもとより言を俟《ま》たないところである。しかし、人間としての私たちが、社会の中に生まれ育ち、他者との社会的な結びつきを通じて自己を見いだしながらも、同時に、そうした社会的な視点からの有用性や有益性に定位される人間の在り方を超えた存在とも関わる存在であるかぎり、人間の営みとしての教育はその根底に、人間的な生における超越性の問題を抱えこんでいる。そして、一見その教育的役割が自明視されるあいさつにおいてもまた、こうした超越性が現れているからには、あいさつの教育は、人間の営みとしてのあいさつにおける超越性についての議論を欠くことができないはずである。次節では、このあいさつにおける超越性の内実をめぐってさらに詳しく考察を進めていくことを通じて、あいさつの教育の人間学的核心に迫る筋道を明らかにしたい。

❹ あいさつと祈り

文化人類学者青木保は、人間の営みとしての儀礼をめぐる根本問題を論究した著『儀礼の象徴性』で、どのような人間の社会であっても、あいさつのないところはなく、「人と人との出会いが、日々「あいさつ」を媒介に始められ、また終わる、ということは人類に普遍的な現象である」（青木一九八四、一四頁）と述べている。そして、動物行動学的見地からは、あいさつが動物一般に認められる行動であることが明らかにされているとしながらも（青木　一九八四、一八‐一九頁参照）、あいさつについて、「動物の中で人間が圧倒的に複雑なシステムを発達させてきたことは疑いない」（青木一九八四、二〇頁）と論じ、複雑化した人間のあいさつ行動を、他者との接触場面における動物の儀式的行動と比較しつつ、三つの類型に区別している。

一つ目は、ごく一般の人と人との間の日常的相互作用の中にあって、他の行動とレベルを異にする儀式化された行動（「あいさつ」）であり、二つ目は、特別な場や集団における、より儀式性が際だたされ強化された行動（「敬礼」）である。そして三つ目は、自然物と超自然物を問わず、およそ人間を超えた存在（神社仏閣、山岳や太陽や月、樹木や岩）や特定の際だった意味をもつ写真・絵画・形象などに対する特別に入念な形式をもつ行動（「拝礼」）であるとされる。青木によれば、「「あいさつ」から「敬礼」そして「拝礼」と段階を異にして行くに従って、その行動は動物行動のレベルから遠ざかって」（青木一九八四、二六頁）いき、社会性を強め、さらには超越性ないし象徴性が増していく。神仏や自然や特定の事物のうちに、人間の在り方を超える存在を見いだし、その存在との関わりを単純で一義的な信号によってではなく複雑で象徴的な言葉や動作で表し示す拝礼は、超越性が特に顕著なあいさつ行動なのである。しかし同時に、青木はまた、こういった特別に入念な形式をもつ拝礼としてのあいさつ行動は、日常のあいさつの範囲を大きく超えているとして、「同じ形を人と人との間で行なえば、これは異常な形となる」(青木　一九八四、二八頁)という。そしてこうした類のあいさつは、「普通の人間にとってはごく稀にしか行なわない特別の機会の行動」(青木　一九八四、二八頁)であると述べ、あいさつが拝礼として超越性をもつ場面の特殊性を指摘するのである。

私たちは、あいさつにおける超越性について、人間を超える存在とのかかわりという視点から描き出した青木の研究に学びながらも、本章では、その超越性を、「ごく稀にしか行なわない特別の機会の行動」においてしか顕現しないものとは捉えず、もう少し緩やかな視点に立って、私たちが日常の中で普通に営んでいる行動に見て取りたいと考える。例えば、神社仏閣を訪れての参拝の振る舞い、昇る朝日の目映《まばゆ》さや満天の星辰のきらめきや見事な巨木のたたずまいを前にしたときの驚嘆、大切な人や出来事の写真やその人や出来事にゆかりの深い品物を手にしたときの敬愛や思慕の念に発する言動などを思い描いてみよう。これらは、すべて上述の「拝礼」のカテゴリーに当て嵌《は》まりうるあいさつといえようが、多くの人にとって、必ずしも希有で特別な機会に限られた行動ではないだろう。社寺に詣でて頭を垂れ、厳かな日の出に目を瞠《みは》りつつ合掌し、敬愛し思慕する人の写真やかけがえのない思い出の品を包み持つ両手をそっと胸に当てる営みは、私たちにとって、あいさつの超越性に触れることが決して特別な機会の特殊な出来事ではないことを鮮やかに表現しているのではないだろうか。私たちは、頭を垂れることや手を合わせることや胸に手を当てることを通じて、社会的な有用性や有益性の次元における関わりを超えた世界へと開かれ、導き入れられつつ、そこであいさつの相手と改めて出会い、交感するのである。

思いをこめて手を胸に当てることならばまだしも、社寺への参拝や朝日への合掌といった振る舞いを、そのまま毎朝の先生や友だちとの間でのあいさつに移し入れることは、確かに青木のいう「異常な形」とも映るだろう。しかし、校門での「おはよう」と「おはようございます」が、先に見たように、眼前の先生や友だちとの社会的関わりや基本的な生活習慣の次元を貫き超えて、世界における他者や事物や出来事とのあらためての出会いへと歩みいるあいさつとなりうるなら、この朝のあいさつもまた、根底において参拝や合掌といった拝礼の営みにおける超越性とやはり明確につながっているのである。すなわち、あいさつの超越性は、決してあいさつの特殊な側面ではなく、むしろ私たちにおけるごく日常的なそれぞれのあいさつに通底する性格であるといってよいだろう。私たちの日常的なあいさつの一つ一つが、拝礼を通じて開示された超越性の次元からこうしてあらためて見つめ直されるとき、あいさつは「祈り」と呼ばれる人間的な生に固有で独自な営みとして理解することができるように思われる。祈りとは、原理的に述べれば、超越的存在と私たちとの間に交わされる呼びかけと応答に関わる営みの核心であり、超越性を志向する人間の本性に基づく「宗教経験の原点」であるとも考えられる(棚次　二〇〇九、三一二一頁参照)からである。

祈りとしてのあいさつは、民俗学的な観点からは、神仏などへの「祈願」として位置づけられる。祈願は、私たちの生における諸々の願望の実現や成就に関わって、人間を超える他なる存在に請い求める習俗であり、「幸不幸や運不運、貧富などは、究極的には異界の神仏にコントロールされている」（飯島 一九九九、一八〇頁）という信仰に基づいて営まれてきた。祈願としての祈りは、生存のための諸欲求から生まれる願望の対象を自身の力によって獲得する生産活動ではないし、その獲得を経済合理的な市場交換や報酬によって求める交易活動でもない。しかし同時に、祈願の営みには、人の住む世界と神仏の住む異界との間の互酬関係の存在を前提とした贈与交換の原理が想定されている。すなわち祈願において、私たちは異界の神仏の要求に応じて供物や捧げ物などを献じ、その献じることと引き替えに私たちの願望の実現や成就を必ず請い求めるのである。一つの願望成就に対してどれくらいの供物が等価かといった市場交換の発想は、ここには原理的に存在しないのではあるが、願望の強さやその度合いの高さに応じて勘案された供物の種類や量が告げ知らされ、それにしたがって供物が献じられる。祈りとしてのあいさつが祈願の視点から見られるかぎり、それは願望の実現や成就という形をとる贈与交換的な「現世利益」の追求である。

先に私たちは、礼儀に適った言動によって構築され維持される望ましい人間関係が当人の社会的文化的発達や適応に益するといった教育の場におけるあいさつの論じられ方を批判的に検討した。祈りとしてのあいさつを、願望の民俗宗教的な実現や成就の方途として、祈願の習俗に収める論じ方に対しても、同様の批判的な検討を加えることができる。すなわち、こうした祈願としての祈りの対極に、私たちは拝礼としての祈りを据えたいと考えるのである。拝礼は、人間を超える存在と私たちとの関わりにおいて、何らかの「願望を実現し成就すること」を請い求めるという構えとはおよそ無縁な営みとしてある祈りである。あいさつとしての拝礼の祈りにおいて、私たちは、あるいは頭を垂れ合掌しつつ、あるいは跪き額ずきつつ、むしろ超越的存在からの呼びかけにひたすら聴従する。祈ることとはここでは請い求めるべく語ることではなく、付き従うべく聴くことである。

この聴従という構えを通して、私たちは何かを願い望むという今ここでの私たち自身の在り方を放《ほう》擲《てき》し、超越的存在からの呼びかけに伴って開き示された世界において出会う他者や事物や出来事へと自らの心身全体をあらためて差しだすのである。このとき、いわば祈りの供物は、ほかでもない私たち自身であるのだが、その供物は、願望の実現や成就への構えのもとにある祈願における場合とは異なり、いかなる引き替えや交換も請い求めない。また、祈ることと捧げることとそれ自体が、超越的存在との関わりにおける私たちの側からの願望や意志に発するものではなくなっていく。そして、聴従としての祈りの極みにおいて、私たちは、祈る者からの祈りと捧げの営み以前に、祈る者がすでに常に超越的存在の側から祈られ、恵まれ、祝福されていたことに気づかされる。祈りは、むしろ、祈る者におけるあらゆる祈りに先立って祈る者自身が祈られていることの証しなのである。このことに則しつつ考えれば、社寺へ詣でて深々と頭を垂れることから朝の校門での軽やかな「おはよう」に至るまで、超越性のもとに見いだされる一つ一つのあいさつの起源や動機や目的は畢竟《ひっきょう》、社会的な人間関係の有用性や有益性をめぐる議論が突破されるところにこそその姿を現すといわねばならない。

あいさつが、超越的存在と私たちとの間に交わされる呼びかけと応答に関わる祈りの営みとして位置づけ直されるとき、あいさつは、もはやいかなる経済合理的な交換の原理とも相容れないのみならず、返済や返礼や見返りの行動を含むいかなる心理社会的な互酬性の義務や期待とも無縁な営みとなっているのである。あいさつの超越性に関わって、教育人間学者矢野智司は、「挨拶のおじぎと私たちが神や仏の前で祈りを捧げる姿勢とが類似しているのは、この両者が供犠として留保なく自己を差しだすこと、つまり純粋贈与だからである」（矢野　二〇〇八、二五七頁）と述べ、あいさつと祈りの姿勢の類似性を、供犠《くぎ》としての「純粋贈与」の観点から根拠づけている[注4]。また、合理に括られない祈りの力のただならなさについて、宗教学者棚次正和は、「祈る」という語をめぐる緻密かつ詳細な語源的分析を進めつつ、「祈りの語源の背後には、人間の実存を可能ならしめる生命や霊魂に関して特有の世界観が控えている」（棚次　一九九八、一八頁）ことを明らかにしたうえで、「祈り」の語を生命現象が有する超自然的霊威のこもった神言や呪言の発現である「生宣り（いのり）」と捉えている。

さきにあげた参拝や驚嘆や敬慕としてのあいさつのすべてが、例外なく供犠としての「純粋贈与」やただならぬ霊威のこもった神言や呪言である「生宣り」の水準に達しているか否かについて詳細に論究することは、今はひとまず措《お》かねばならない。しかし少なくとも、祈りとしてのあいさつが私たちの生にもたらすものの核心が、よい人間関係を築くためや社会生活を円滑に進めるために身につけるべき、その場その時にふさわしい礼儀作法や望ましい基本的生活習慣といった次元には存在しないことは明瞭である。そして、校門で先生や友だちと朝のあいさつを交わしつつ、クラスで飼っているウサギに、みんなで世話している花壇の草花に、一日を過ごす教室の黒板や昨日席替えをした机に向けても、「おはよう」と呼びかける子どもたちは紛れもなく、祈りとしての参拝や驚嘆や敬慕のあいさつが生きられている超越の世界に触れている。私たちは、教育におけるあいさつの指導に際し、子どもたちのこうした「おはよう」が、それが有する社会性の次元における教育的役割と意義を貫き超えて、祈りの超越性へと差し向けられ、ほどき開かれていることに丁寧に意を注ぐことが求められているといえよう。

5 祈りとしてのあいさつを生きる―むすびにかえて

神社仏閣に参拝して頭を垂れ、昇る朝日や見事な巨木を前にして驚嘆の声を上げて思わず手を合わせ、敬慕する人の写真や大切な出来事にゆかりの深い品物を胸に当てることに、私たちは祈りとしてのあいさつを見いだした。そして、毎朝の子どもたちとの「おはよう」、「おはようございます」にもそうした祈りへの端緒が存在することを明らかにした。祈りとしてのあいさつにおいては、あいさつするものとそのあいさつが向けられるものとの関わりがその都度新たに生成し、あらためて生きられ始める。この意味で、同じ先生や同じ友だちとの間で交わされる毎朝の「おはよう」、「おはようございます」は、決して同じことの繰り返しではない。むしろ、昨日も今日も明日も同じものは二度とない、それぞれに一回限りの、お互いにとって常に生まれて初めてのあいさつなのである。

私たちは、この可視・可触の世界に生を享けつつ、その可視性・可蝕性を超える存在からの呼びかけに聴従することを通じて、他者や事物や出来事と祈りとしてのあいさつを交わす。そして、祈りとしてのあいさつが生まれるのは、私たちの社会や生活における特殊な場所や特別な時間においてでは決してなかった。ことさらに名刹に出向かなくても、神々しい朝日を拝まなくても、思い出の品を前にしなくても、私たちは、日常の生活の直中にあって、通りを悠々と横切る一匹の野良犬と、風に枝葉を揺らす公園の木々と、高く深い蒼穹に浮かぶ雲とあいさつを交わすことができる。また何よりも、今朝も校門で私たちの傍らに走り寄ってくる子どもたち、友だちと談笑しながら夕方下校していく子どもたちに声をかけることを通して、祈りとしてのあいさつをともにすることができる。それは私たちが、横切る野良犬を、枝葉を揺らす木々を、蒼穹に浮かぶ雲を、そして目の前の子どもたちを通して、彼方から私たちを祈り、私たちに呼びかける超越的存在を心身の全体で感じ取り、それに聴従することができるからである。こうした超越的存在への聴従において、私たちはまた、今この瞬間にゆえなく生まれ来るもの、否応なく死にゆくもの、さらには、未だ生まれざるもの、すでに死せるものにも祈りとしてのあいさつを届ける。懐妊を喜ぶあいさつ、誕生を祝うあいさつ、逝去を悼むあいさつ、故人を偲ぶあいさつを心をこめて述べ伝えようとするとき、可視・可触の世界における生き死にの出来事は、根本的に、可視・可触の世界を超える世界との関わりの中でその意味が生成し、変容し、消滅し、生まれ変わるものであることに、私たちは深く気づかされるのである。

祈りとしてのあいさつの言葉にはまた、特別な語彙や語法はまったく必要がない。私たちが、基本的な生活習慣や時と場にふさわしい言動として使用を促される「おはよう」、「ありがとう」、「ようこそ」、「さようなら」が、実はそのままで祈りの言葉であるということができる。ただ、社会性の次元に閉じられた視点からは、この一見何の変哲もない「おはよう」や「さようなら」が、今ここでの時と場にふさわしい言葉のやりとりであることを貫き超えた祈りの超越性に触れて、その語感の襞の奥深さや肌理の細やかさとともに美しく交響する有様が見えてはこないというだけである。

祈りとしてのあいさつを生きるとは、今ここでの「おはよう」や「さようなら」を通して、今ここという時空にはないものと関わる人間的な生の超越性に触れると同時に、今ここに生きてあることの不思議さに目覚めつつ生きることである。あいさつの教育の人間学的核心は、驚きと喜びをもって、子どもたちとこの目覚めを分かち合うことにある。そして、この目覚めとともに、私たちは、私たちにとって身近で親しい人々をはじめとするこの世界に生きとし生けるものの生死の意味、この世界に生じ来たりこの世界から消滅していくありとあらゆる事物や出来事の意味にあらためて思いを致し始めるのである。祈りとしてのあいさつが日常の営みであることは、私たちにとって生の超越性に触れ、生きてあることの不思議さに目覚めるために、特別にしつらえられた場所や時間をその条件として一切必要としないことを示している。「おはようございます」とお辞儀し合うことも「さようなら」と手を振りあうことも、考えてみればこのうえないほど日常的な振る舞いである。しかし、この見事なまでに平凡に映る振る舞いにこそ、私たちの生のもっとも深く美しい秘密があるというべきである。

本章の冒頭に掲げた「木のあいさつ」における「木」はもとよりお辞儀などするわけではない。ましてや鳥のように囀《さえず》りも犬のように吠えもしない。しかし、その木が、木としてそこに生い立ち、そこに立ち尽くし、そこに枯れ死に逝くとき、すなわちその木が「ついにいっぽんの木であるとき」、木は祈りとしての「あいさつそのもの」となっている。ここでは木は、ほかでもないその木であることを通して、その木であることを超えて、その木と私たちをこの世界へとともに生じ来たらせ消滅せしめる大いなる存在へと私たちを目覚ましめ、促し導く。詩人石原吉郎はその促しに感応し、木のあいさつに聴従する。そうした感応と聴従の構えこそがまた、木に対する彼の祈りであり、マナーとしてのあいさつなのである。

マナーとしてのあいさつが、人間的な生に固有で独自な超越性の次元に関わる営みである祈りという水準を喪失させられ、社会的に有用で有益な基本的生活習慣の形成といった問題圏に回収されるとき、あいさつの教育は、その目的においても方法においても理解しやすく取り組みやすいものにはなるかもしれないが、その人間学的な可能性を急速に貧しく乏しいものにしてしまうように思われる。超越性のもとに見られた生きられる祈りとしてのあいさつは、この世界に生きつつこの世界の彼岸と関わるという、この世界における私たちの在り方の根幹に触れる営みである。マナーとしてのあいさつの語彙と語法が、子どもの社会化や社会生活の円滑化という水準における議論に囲繞されそうになるとき、その同じ語彙と語法を祈りとしてのあいさつへと方向づけることによって、マナーとしてのあいさつに向ける私たちの視座を超越性の次元へと切り開いていくことができる。祈りとしてのあいさつの次元からあらためて見つめ直され、位置づけ直されるとき、マナーとしてのあいさつのみならず、マナーそのものもまた、人間形成との関わりをより深く伸びやかに語り出せることだろう。

《注》

（注1）古語から現代語までを網羅する小学館の『日本国語大辞典』における「あいさつ」の項では、大きく①から⑤まで五種類の語義を区別し、まず最初に「①手紙の往復、応答のことば」があげられている。次に「②交際を維持するための社交的儀礼」とあり、②から派生する語義として、「人と会った時、別れる時などに取り交わす儀礼、応対のことばや動作」、「応答。受け答え」、「社交的な応対。ふるまい」、「儀式、就任、解任などの時、祝意、謝意、親愛の意などを述べること。また、そのことば」などが続く。そして「③人と人との関係が、親密になるようにはたらきかけること」とあり、③から派生する語義として、「とりもち。仲

介。紹介。世話」、「仲裁。調停。とりなし」などが列挙される。さらに「④人と人との間柄。両者の仲。交際。付き合い」といった語義が提示され、最後に、「⑤仕返しという不良仲間の隠語」があげられている。今日の私たちにおける「あいさつ」という語についての語感や日常的用法からすれば、②にあげられた一連の語義がもっとも容易に頷ける。その一方で①や③や④の語義は、もはや比較的なじみの薄いものとなっており、⑤の用法などは、きわめて特殊で目にし耳にすることが稀なものといえよう。

民俗学者柳田國男によれば、日本における「あいさつ(挨拶)」という言葉は、「禅僧が支那から輸入した近世の漢語」であり、「挨」は「押す」、「拶」は「押しかへす」という意味で、「元は単に受け答へといふ心持しか無く、礼儀の感じは含んで居なかった」(柳田　一九六九、四五二頁)とされる。

また漢字学者白川静も、柳田の見解をより精密かつ詳細に裏づけるかのごとく、正確に典拠を示しつつ以下の見解を述べている。すなわち、「挨」は「撃つ、後ろから背を撃つ」、「強く撲って後ろからおしのける」の意とし、「拶」も、やはり「せまる、おす」、「後ろからおしのける」の意であるとする。そして、「あいさつ(挨拶)」の本来の語義を、「大勢がおし合う。また禅家で問答すること」、「古くは衆人がたがいに前に出ることを争うておし合う意」あるいは「禅家の語で、もとは群衆をおしわけて前に出る意」としている。さらに、禅家で「一問一答して相手を試みること」を「一挨一拶」とするところから、「応対・応待」の意となったのだが、「あいさつ(挨拶)」は素性のよい語ではないと述べている(白川　一九九六、六頁、六一一頁および　白川　二〇〇七、七-八頁、三六二頁参照)。

(注2)動物行動学(ethology)では、人間と人間以外の動物との間で共有される水準における生物としての基本的な諸行動を観察し考究することを通して、人間における生得的あるいは学習された行動の内実を解明する研究が進められる。そして、人間のあいさつもそうした共有される水準における行動として位置づけられ、その起源や構造や機能が詳しく検討されるのである。例えば、K・ローレンツの『攻撃—悪の自然

誌』、I・アイブル＝アイベスフェルトの『愛と憎しみ―人間の基本的行動様式とその自然誌』、D・モリス『裸のサル―動物学的人間像』などは、必ずしもあいさつ行動という視点を考察の中心に据えたものではないが、こうした研究の優れた成果であるということができる。人間の社会性や文化性を動物のそれと比較しうる水準で把握し、人間のあいさつもまた動物のあいさつと細部にわたり全面的に比較考量可能な行動であるとする限りでは、私たちが、これらの動物行動学的な研究から人間のあいさつの社会性や文化性について、多くの有益な知見を得られようことは明らかである。しかしながら、本稿では、あいさつにおいて生きられる人間に固有な生の意味領域としての「超越性」や「祈り」の問題に焦点づけて考察を進めるので、こうした動物行動学的な視点からのあいさつへの詳しい論及はひとまず行わないでおく。

さらに関連して、N・エリアスは、よく知られるように、その著『文明化の過程』で、歴史社会学的な視点から、人間の行動における動物的な野蛮さ粗暴さに対処する私たちの感覚や態度の歴史的変遷をめぐる諸問題を、ヨーロッパの階層社会における礼儀作法の形成過程を中心に詳細に分析した。エリアスのこの浩瀚《こうかん》な研究も、子どもが当該社会で身につけるべき基本的な礼儀作法ないしマナー行動として、社会性の次元で捉えられたあいさつ問題を、歴史的文化的に相対化し位置づけ直して捉えるうえできわめて重要であるが、右の動物行動学的研究の場合と同様、今回はその内容について詳述しない。

(注3)学校教育法第二三条に掲げられた幼稚園における教育の目標を達成するために、『幼稚園教育要領』では、幼児の発達の側面から、心身の健康に関する領域「健康」、人とのかかわりに関する領域「人間関係」、身近な環境とのかかわりに関する領域「環境」、言葉の獲得に関する領域「言葉」、感性と表現に関する領域「表現」の五領域が明示されている。一九八九年の改訂で、それまでの「健康」「社会」「自然」「言語」「音楽リズム」「絵画制作」の六領域が、右記五領域に改編された。

（注4）また、祈りと供犠の関わりについて、社会哲学者今村仁司は、祈りと供犠と労働を不可分な結びつきのもとに捉え、「祈り」は、労働が、供犠によって脱霊化された霊的アニマ的世界としての「生ける自然」を物体化し、事物として処理することへの「許し」を乞う振る舞いであるとするポレミックな見解（今村二〇〇〇、九五－一〇九頁参照）を提示している。今村における祈りをめぐる議論もまた、マナーをめぐる人間学的問題意識を深めるうえできわめて刺激に富むものであるが、本章における考察の方向性に鑑みて採りあげて詳論することは控える。

《引用・参考文献》

・青木保、一九八四年　『儀礼の象徴性』岩波書店
・アイブル＝アイベスフェルト、I.、一九七四年　日高敏隆・久保和彦訳『愛と憎しみ―人間の基本的行動様式とその自然誌』みすず書房＝Eibl-Eibesfeldt, I., 1970 *Liebe und Hass: Zur Naturgeschichte elementarer Verhaltensweisen*, München: R.Piper.
・飯島吉晴編、一九九九年　『幸福祈願』筑摩書房
・石原吉郎、一九六九年　『石原吉郎詩集』思潮社
・今村仁司、二〇〇〇年　『交易する人間―贈与と交換の人間学』講談社
・エリアス、N.、一九七七年　赤井慧爾ほか訳『文明化の過程・上―ヨーロッパ上流階層の風俗の変遷』法政大学出版局＝Elias, N., 1969a *Über den Prozess der Zivilisation*, Erster Band, Bern; München: Francke Verlag.
・エリアス、N.、一九七八年　波田節夫ほか訳『文明化の過程・下―社会の変遷／文明化の理論のための見取図』法政大学出版局＝Elias, N., 1969b *Über den Prozess der Zivilisation*, Zweiter Band, Bern; München: Francke

Verlag.
・熊倉功夫、一九九九年『文化としてのマナー』岩波書店
・厚生労働省、二〇〇八年『保育所保育指針』フレーベル館
・厚生労働省、二〇〇八年『保育所保育指針解説書』フレーベル館
・白川静、一九九六年『字通』平凡社
・白川静、二〇〇七年『字統（普及版）』平凡社
・鈴木孝夫、一九七五年『ことばと社会』中央公論社
・棚次正和、一九九八年『宗教の根源―祈りの人間論序説』世界思想社
・棚次正和、二〇〇九年『祈りの人間学―いきいきと生きる』世界思想社
・日本大辞典刊行会編、一九七二年『日本国語大辞典』第一巻、小学館
・モリス、D.、一九六九年 日高敏隆訳『裸のサル―動物学的人間像』河出書房新社＝Morris, D., 1967 *The Naked Ape*, London: Jouathan Cape.
・文部科学省、二〇〇八年『小学校学習指導要領』東京書籍
・文部科学省、二〇〇八年『小学校学習指導要領解説　道徳編』東洋館出版社
・文部科学省、二〇〇八年『中学校学習指導要領』東山書房
・文部科学省、二〇〇八年『中学校学習指導要領解説　道徳編』日本文教出版
・文部科学省、二〇〇八年『幼稚園教育要領』教育出版
・文部科学省、二〇〇八年『幼稚園教育要領解説』フレーベル館
・柳田國男、一九六九年『毎日の言葉』『定本　柳田國男集』第一九巻、筑摩書房
・矢野智司、二〇〇八年『贈与と交換の教育学―漱石、賢治と純粋贈与のレッスン』東京大学出版会
・ローレンツ、K.、一九七〇年 日高敏隆・久保和彦訳『攻撃―悪の自然誌』みすず書房＝Lorenz, K., 1963 *Das Sogenannte Böse: Zur Naturgeschichte der Aggression*, Wien: Dr.G.Borotha-Schoeler Verlag.

第四章

世界市民の作法としての歓待と弔いのマナー
――和辻哲郎の「土下座」を通して

矢野 智司（京都大学）

❶ 絶対的な身体技法としての土下座

（一）土下座という身体技法

大正期の話である。祖父が亡くなり、都会に出ていたその孫は、父とともに葬儀に臨んでいる。式も終わり会葬者たちが家路につこうとするときのことである。隣に立っていた父親が突然、その土地の「風習」にしたがい、会葬者に対して土下座をする。彼もまた父親にならい土下座をし、足元だけを見ながら会葬者を見送ることになる。

やがて式がすんで、会葬者がぞろぞろと帰って行きます。狭い田舎道ですから会葬者の足がすぐ眼の前を通って行くのです。靴をはいた足や長い裾と足袋で隠された足などはきわめて少数で、多くは銅色にやけた農業労働者の足でした。彼はうなだれたままその足に会釈しました。せいぜい見るのは腰から下ですが、それだけ見ていてもその足の持ち主がどんな顔をしてどんなお辞儀をして彼の前を通って行くかがわかるのです。ある人はいかにも恐縮したようなそぶりをしました。ある人は涙ぐむように見えました。彼はこの瞬間にじじいの霊を中に置いてこれらの人々の心と思いがけぬ密接な交通をしているのを感じました。実際彼も涙する心持ちで、じじいを葬ってくれた人々に、――というよりはその人々の足に、心から感謝の意を表わしていました。そうしてこの人々の前に土下座していることが、いかにも当然な、似つかわしいことのように思われました。

　これは彼にとって実に思いがけぬことでした。彼はこれらの人々の前に謙遜になろうなどと考えたことはなかったのです。ただ慢然と風習にしたがって土下座したに過ぎぬのです。しかるに自分の身をこういう形に置いたということで、自分にも思いがけぬような謙遜な気持ちになれたのです。彼はこの時、銅色の足と自分との関係が、やっと正しい位置に戻されたという気がしました。そうして正当な心の交通が、やっとここで可能になったという気がしました。それとともに現在の社会組織や教育などというものが、知らず知らずの間にどれだけ人と人との間を距てているかということにも気づきました。心情さえ謙遜になっていれば、形は必ずしも問うに及ばぬと考えていた彼は、ここで形の意味をしみじみと感じました。（和辻　十七巻一九六三（一九二一）、四〇三‐四〇四頁、傍点は矢野）

この文章は「土下座」（一九二一年発表）というタイトルの文章の一場面である(注1)。作者は和辻哲郎である。和辻は明治二二（一八八九）年に現在は姫路市に含まれている砥堀村仁豊野に、医家の次男として生まれた。すでに東京に出ていた和辻は、祖父の葬儀に出席するため郷里にもどってきた。そのおりの葬儀での出来事が、この印象深い文章となって残された。ここでは土下座という身体の特異な「型」によって、会葬者とのあいだにどのような交通をもたらされたかが語られている。このような土下座にたいする反省の在り方は、「人間」を人と人とのあいだにおいて捉え、共同体についての考察をもとに体系的な倫理学を構築した和辻らしいものといえよう。

（二）和辻倫理学を超えて

この文章に、和辻の『倫理学』（一九三七‐四九年）のなかの次のような文章を重ね合わせるなら、歴史―風土―共同体（人倫的組織）(注2)と結びついた身体技法として、土下座を捉え直すことができよう。

何千年何万年を通じて蓄積した理解には恐るべき深さがあるのである。かかることが無数の事象について言えるとすれば、我々が土地として指し示しているものは、実に無限に深い理解の海である。しかし、これらのものがすでに見いだされ作り出されたものとして共同の所有に帰している限り、我々は通例その背後に存する理解の深さには無感覚になっている。それは日常平板な事象であって何の驚きにも価しない。……だから土地は理解の海である。が、その理解は思想の形においてではなくして、まさに「技術」として保持せられているのである。言いかえれば土地を土地たらしめているのは「技術」なのである。（和辻　十巻一九六二（一九四二）、四四六–四四七頁、傍点は和辻）

この文章に続けて語られる「理解の深さ」の例は家畜の歴史であって、土下座のような礼儀作法の話ではない。それでも「身体技法」（Techniques of the Body, techniques du corps＝身体の技術）としての土下座も、またここに述べられている「土地」＝「無限に深い理解の海」に存する「技術」の一つであることは間違いないだろう（注3）。和辻は『自叙伝の試み』（一九六一年）においても、自身の自伝的記述に負けないぐらい多くの頁を、故郷の記述に費やしている。和辻にとって、共同体やそれを生み育んできた歴史―風土は、たんに理論的主題にとどまらず、自身の生にとってかけがえのない親しさをもっていた（和辻　十八巻一九六三（一九六一）、また十巻一九六二（一九四二）、四五二–四五三頁、熊野　二〇〇九）。

あらためて述べる必要もないことだが、このような身体技法は社会的に形成される身体の「型」(技術が実現される身体行為の規範化された定形のプロセス)である。身体の「型」は、歴史―風土―共同体によって生みだされ、伝達され維持され、命が吹き込まれている。言葉をかえれば、土下座のような挨拶の作法をはじめ食事の仕方といった固有の身体の「型」は、歴史―風土―共同体によって支えられている(注4)。そのような歴史―風土―共同体の支えが失われるとき、歴史―風土―共同体に根ざした固有の「型」もまた失われるのである。したがって「風土的なものの衰退」と「型」の喪失とは根底でつながっているのだという認識は間違いない(木岡 一九九四、二〇五―二〇八頁)。そして、歴史―風土―共同体から切り離されてしまった私たちの目から見れば、この土下座という作法は大仰であるばかりか、一種異様というほかはない。

しかし、この土下座という異様な身体技法には、礼儀作法がそもそも一体何であるのかを考えるうえで重要な示唆が含まれている。それというのも、この身体技法には礼儀作法の極限の姿が示されているように思われるからである。極限の事象はその事象の起源を指し示している。グローバリゼーションのなかで、歴史―風土―共同体が衰弱する今日において、歴史―風土―共同体を超えた礼儀正しさ=礼儀作法とは何かが、このような極限の在り方の考察から浮かびあがってくるのではないだろうか。そのとき、歴史―風土―共同体の制限を超える世界市民の作法が、見えてくるのではないだろうか。

本章の課題は、世界市民の礼儀正しさとは何かを考察することにある。そのさい、歴史―風土―共同体の倫理とその作法を論究した和辻のテクストを手がかりに進めていくことにしたい。和辻の倫理学は、「日本」の歴史―風土―共同体についての深い解釈に根ざしていた。そのことが彼の倫理学を説得力のあるものにしてきた。しかも、礼儀作法がたんなる観念的な構築物ではなく、歴史―風土―共同体に根ざした身体技法として生起し継続してきたことを考えるなら、和辻の倫理学はこれからの礼儀正しさを考えるうえでも絶好の手がかりを与えてくれるだろう。しかし、和辻倫理学のそのような特徴は、あとで詳しく述べるように、長所であると同時に短所でもある。和辻倫理学の問題点もまたその「日本」の歴史―風土―共同体の解釈に由来しているからである。したがって、本論の課題は、和辻の論考を踏まえつつ、世界市民の作法を考察することで、同時に和辻倫理学の彼方を考えることである。つまり和辻倫理学の批判的再構築が本論文のもう一つの課題である。

❷ 贈与交換としての礼儀作法を育む歴史―風土―共同体

(一)贈与交換としての経済

和辻は、この「土下座」という文章で、土下座や礼儀作法について分析的に解明しているわけではない。しかし、和辻がそれらをどのように考えていたかについては、『倫理学』が手がかりを与えてくれる。和辻は『倫理学』の執筆に際して、哲学のテクストにとどまらず社会学や人類学のテクストにまで探究の対象を広げており、クラ交易についてのマリノフスキの優れたモノグラフ『西太平洋の遠洋航海者』(一九二二年)についても詳しく検討していた(和辻 十巻一九六二(一九四二)、四七一頁)。このような人類学的な文献への関心は、日本の古代史への関心の深さと無関係ではないし、また倫理学を実証的な社会学的研究の成果と結びつけて明らかにしようとした、和辻の京都帝大の倫理学講座の前任者であった藤井健治郎の研究関心ともつながるものであったが、人間を存在的―存在論的(田邊元)に把握しようとする京都学派の人間学に共通する特徴でもあった。

このマリノフスキのテクストの中には、「純粋贈与」について触れている箇所もあるのだが、和辻の関心は共同体を継続させる「贈与交換」の方にあった。後にモースによって定式化されるのだが、この贈与交換というのは、贈る義務・受け取る義務・返礼する義務をもった、経済的であるのみならず宗教的でもあり社会的でもある「全体的社会事実」のことである。和辻は市場経済に回収されないこの交換の在り方に強い関心を示したのである。

和辻の「人間の学」にしたがうなら、「人間」とは人と人の間柄であり、当然のことながら「挨拶」もまたこのような間柄の表れと言うことになる。それは「交通」と言い換えることもできる。

行為が主体の間の働き合いであり、そうしてそのおのおのの働きかけがこれらの主体の間の既存の関係に規定せられるとすれば、行為が過去の間柄を背負ったものであることは明らかである。しかし、それだけで行為が成り立つのではない。主体の間の働き合いは、その主体が相背くように動くにしろ、あるいは合一する方向に向かうにしろ、とにかくいまだ存せざる関係をあらかじめ含んでいるのでなくては、働きであることができない。前の例に即して言えば、人に何かを話しかけるのは、その人との間に何らかの関係を作り出そうとすることである。単なる挨拶といえども、それが行なわれることによって、しからざる場合とは異なった事態を生じる。(和辻　十巻一九六二(一九三七)、二五三頁、傍点は和辻)

和辻によれば、挨拶はそれまでの何重にも重なり合う人々との既存の間柄に由来しつつ、新たな未来の間柄を生みだす連関の一つをなしており、「単なる挨拶といえども」ないがしろにはできないのだ。まして農村共同体においてはそうである。それは農村が贈与交換という交通によって成り立っているからである。『倫理学』のなかで、和辻は牧歌的ともいえる農村の暮らしを描写している。「農村の生活はなおきわめて相互扶助的である。子が生まれて主婦が働けない時には隣り近所から助太刀が来る。病人が出れば隣りの若者が医者へ駆けつけてくれる。人が死ねばその葬儀は村の共同の仕事である。」(和辻　十巻一九六二(一九四二)、四五三頁)　しかし、事実は地縁・血縁によって相互扶助すなわち贈与交換が義務づけられた閉じた共同体の道徳を示している。和辻の倫理は、相互扶助を重視するが、それはどこまでも言語ゲームを共有する仲間との「間柄」で取り交わされる交通＝贈与交換としてである。和辻は、マリノフスキを引きながら、近代経済学が想定する市場経済の「経済人」を批判し、経済より「人倫的組織」の方が根源的であることを指摘する。それは近代以前の社会では正しい認識と言える。

（二）贈与交換としての土下座

礼拝としての土下座は、中国王朝で臣下が皇帝にたいして行う「三跪九拝」がそうであるように、封建制度下の身分制度において展開してきたものである。このように相手にたいしてどこまでも我が身を低くしようとする土下座は、相手との対等な関係からは生まれない。土下座は、その身体性から見たときに明らかなように、お辞儀などと比べれば無理な姿勢を身体に強いるものである。その姿勢をとれば頭は地面に近づき、そのため視野は極限にまで制限され、相手を見ることのできない姿勢である。これ以上、低くなるには、「五体投地」のように地面に直接に身体全体を投げだすことしかない（注5）。

直立することが、重力に抗する人間の自立的な在り方を示す姿勢とするならば、土下座はそのような自立性を放棄し、他者に向けて自己を差しだすもっとも無防備な姿勢ということができるだろう。挨拶としてのお辞儀が、身体所作としても互いに自己を差しだし、同じ所作を与え合うものであるとするなら、土下座には挨拶のお辞儀のような交換の対称性はなく、一方だけが自己を差しだす圧倒的に非対称的な行為であるように見える。しかし、五体投地が自己を放棄することで救済がもたらされるように、礼拝としての土下座も、対称型ではないが、贈与交換によって支えられている。封建制度とは支配と服従の単純で一方的な関係ではなく、「御恩と奉公」と言われるように重層的で互恵的な関係であった。土下座する者も、そのことによって相手から何らかの利益を得ているのである。

このように考えてみると、和辻の土下座も非対称なものではないことがわかる。それというのも、一見して非対称に見える土下座も、死者を出さない家は一件もないので、必ず将来においては返礼が行われる。時間は遅れることになるが、共同体が維持される限り、いつかは死者を出すことになり、どの家の家人も会葬者に土下座をしなければならない機会は必ずやってくる。その意味では、土下座もまた冠婚葬祭における相互扶助と同様、贈与交換の一つであるといえる。

しかし、それでもなお五体投地がそうであるように、土下座にもただならぬものがはらまれていることも事実である。しかもこのただならぬ事態は、五体投地のような拝礼や土下座のような作法に限られたことではない。人と人とが出会い別れるという事態が、もっともありふれたことでありながら、絶対に触れてしまうただならぬ出来事でもありえるからだ。次節では、和辻から離れて、まず礼儀作法が絶対的な出来事と関わることを明らかにするところからはじまる。

❸ 礼儀作法の絶対性

（一）儀礼と身体の「型」化

挨拶のように礼儀作法は、なぜ定型の「型」をなしているのだろうか。例えば、葬儀（葬送儀礼）のような極限の場面では、人は慣習化されたきわめて形式的な「型」に乗っ取った所作が求められる。映画「おくりびと」（二〇〇八年）のなかの「おくりびと（納棺夫）」の死者に関わる所作が美的でさえあるのは、その所作が「型」にはまったものだからである。一切の無駄な動作を取り払うことで、所作の一つ一つが滞りなく流れるように進んでいく。もちろんそれは死者への敬意を示すものであり、また同時にその所作を見ている遺族への配慮でもあり、さらには納棺夫の卓越した技術を示すことで専門家としての評価を得るためでもあるのだが（注6）、それとともに「おくりびと」自身を防衛するためでもある。死者と関わることは、穢れに触れることであり、「死」や「無」という日常を揺るがす絶対に触れることである。僧侶は葬儀に立ち会っても、骸に直接に触れることはないし、なにより読経をすることで、「死」や「無」に呑み込まれることから守られている。それにたいして「おくりびと」は直接に骸に触れなければならない。そのため骸との交通を儀式化し、所作を極限にまで「型」化することで、関わりを制限しようとする。そうすることで「死」や「無」に呑み込まれないようにする。もっとも湯灌や入棺は、かつては親族の役割だったのが近年になって専門家の仕事となったものであり、納棺夫たちの

「型」の歴史はそれほど古いものではない。

もちろん、このような防衛が必要なのは、「おくりびと」に限られているわけではない。多かれ少なかれ、葬儀に関わるすべての人に防衛は不可欠である。死者は未だ曖昧な存在のため、またこの世界にもどってくるかもしれず、そのため生者からはっきりと分離されなければならないからである。葬送儀礼の目的は、不愉快で不確かな存在である死者が、生者から分離された世界に住む友好的で力強い先祖に変容するよう、「先祖との間に儀礼的にはっきりと取り決められた関係を取り結ぶことができるようにすることにある。」（二〇〇七、一四五頁＝Agamben 1978）そのため儀礼の特徴は、あらかじめ決められた所作を実施し、その際所作の順序を厳格に守ることにある。だから儀礼では「作法」が遵守される。言葉をかえれば、儀礼における身体所作は基本的に「型」通りにすることが求められている。それは「聖なるもの」に触れるときも、また「穢れたもの」に触れる場合でも同様である。

（二）「こんにちは」そして「さようなら」、とくに「さようなら」について

土下座に限らず、人と交わす挨拶が、例えば、日々交わしている別れの挨拶が、「アデュー」や「グッドバイ」のように極限の用語によって作られているのは、興味深い事実である。「アデュー Adieu」というのは、神を意味する"dieu"に「〜において」を意味する前置詞"a"がついたもので、「神の御許に」ということを意味している。また「グッドバイ Good-bye」というのは、"God be with you"がつづまっ

たものといわれ、文字通りの意味は「神があなたとともにあらんことを祈る」ということである(竹内　二〇〇九、一三頁)。もちろん別れの挨拶には、このタイプの他にも「再び会いましょう」あるいは「お元気で」といった別のタイプもあるのだが、このような祈りと関わるタイプの別れの挨拶があるのは、別れが死と結びつく絶対的な出来事とつながっているからにほかならない。

日本語の挨拶ではどうだろうか。日本語の「さらば」「さようなら」は、もともと「そうであるならば」という「先行の事柄を受けて、後続の事柄が起こることを示す」接続詞からはじまったと言われる。そこには日本の文化における死生観・自然観が反映されており、「そうでならなければならないならば」というように、死の受容にもつながる美的な諦念が示されてもいる(竹内　二〇〇九)。人と会い別れるということは、かけがえのない出会いと繰り返すことのない別れでもある。「歓待」と「弔い」は、いまここの「こんにちは」と「さようなら」において生起している。もとより「一期一会」は日本の文化に限られたことではない。

私たちの生は、すでにいつもこのように、共約不可能な一回限りで絶対的な出来事に触れており、ときとして日常の挨拶が、「ありがとう」が「有り難い(奇跡の生起)」ことであり、「すみません」が「済まない(完済が絶対不能)」ことであり、そして「さようなら」が「そうでならなければならないならば」であるように、絶対的な出来事に触れるものとして立ち現れることになる。しかし、この絶対的な出来事の出現は、私たちの日常生活を圧倒するため、相対的な既存の「型」のなかに収められる必要がある。私たちは絶対に触れ続けることはできない。歴史―風土―共同体という「無限に深い理解の海」において、この絶対は「型」による否定を通して、刻々と具体的な「かたち」となり、人々との「正当な心の交通」(冒頭の和辻からの引用文より)を開いていく。そうすることによって、絶対に触れることと触れないこととの二重の課題を実現している。このように「型」は共同体の仲間に交通を開くのではあるが、他方で共同体を超える関わりを限定してもいくのである。

挨拶は定型化した決まり文句であり、言葉における「型」と言い直してもよい。「型」にはまった言葉であることで、はじめて意味をもつ。挨拶は相手に対して無関心でないことを伝えるが、それは相対的な意味ではなく、絶対的な意味においてである。しかし、挨拶の語源的な意味は、繰り返し使用されるなかですり減ってしまい、たんなる符号のようにやせ細っていく。挨拶は型どおりの自働運動となり、場合によっては、相手に対して無関心ではないことを伝える「かたち」でさえなくなる。

(三)「型」なき「かたち」の出現

歴史―風土―共同体が「型」を生みだし、新たな共同体の成員に伝達し、維持してきた。しかし、そのような歴史―風土―共同体自体が失われている現在、私たちは「かたち」のモデルである規範的な「型」のない世界を生きようとしている。歴史―風土―共同体の支えなしに、礼儀作法といった身体技法の継承は可能なのだろうか。歴史―風土―共同体なきところに、和辻の言うような「正当な心の交通」は可能なのだろうか。

　このような問いは、和辻の倫理学においても意味をなさないわけではない。たしかに人と人との間柄をもとにする「人間の学」とは、共同体を基本に置いた人間学である。そしてこの「人間の学」の真骨頂が『倫理学』である。しかし、『倫理学』では、人間の個体的―社会的な二重性格をもとに体系的に倫理学が論じられている。そこでは人間存在の根本構造は、「絶対否定性が自己否定を通じて己れに還るところの否定の否定の運動」（和辻　十巻一九六二（一九三七）、一二四頁、傍点は和辻）として捉えられている。つまり絶対否定性の自己否定によって個として立ち現れたものが、再び否定されることによって本源である全体に立ち戻るという、ダイナミックな運動として捉えられる。それは見方をかえれば、留まることのない「絶対否定性」「絶対空」の自己否定による運動ということができる。この運動では、全体を否定して個体として立ち留まることも、またこのような否定の運動が留まり全体として立ち止まることも、ともに退けられる。実体的なものの捉え方を退け、どこまでも絶対的否定性の運動として捉えるのである。そのあたりの論理を捉えた箇所から、和辻の言葉を引いておこう。

> ……有限相対の全体性を超えた「絶対的全体性」は絶対的なる差別の否定である。それは絶対的であるゆえに、差別と無差別との差別をも否定する無差別でなくてはならぬ。従って絶対的全体性は絶対的否定性であり、絶対空である。すべての有限なる全体性の根底に存する無限なるものは

かかる絶対空でなくてはならぬ。（和辻　十巻一九六二（一九三七）、一〇五頁）

ここでも全体は個人を否定し、また反対に個人は全体を否定するのだが、そのような否定によって全体と個は間柄の二重性をなすものであり、この両者の否定はさらに否定され絶対的否定すなわち「絶対空」といわれる。和辻は、この人間存在の根本構造から、倫理学を構築していく。

このように、和辻において、「人間」の二重性格は個人と社会のどちらかに一方に重点が置かれていないにもかかわらず、そしてまた、その否定の方向が生命全体にまで開かれたものであったにもかかわらず、さらにこのことはテクストのなかで何度も主張されているにもかかわらず、一般には和辻の倫理学は個人の側を低く見て社会の側に重点が置かれているものと評価されてきた。それは、一方で西欧の個人主義を乗り越えるという方向から見ればそのとおりなのだが、他方で、当時の国家主義の支配する時代状況から捉え直せば、むしろ和辻の倫理学は国家や国民に回収することのできない個人の在り方を擁護しようとしていると解釈することも、十分に可能である。少なくとも論理構造としては、その可能性をもっている。しかし、『倫理学』において共同体や国家について具体的に論じる段になると、たしかに論理的な否定の力が弱くなっていることも事実である。この理由として「国民道徳論の構築」ということが、和辻の思想課題として重要な重みを持っていたことも大きかったのかもしれない（関口　二〇〇七、一六五—二五六頁）。

和辻はハイデガーの哲学を「人間存在」ではなく「個人存在」を捉えたにすぎないとして批判し、「自他の連関」において人間存在を捉えようとしたが、この「他」は言語ゲームを共有しない他者ではなく、どこまでも歴史―風土―共同体をともにする仲間(われわれ)のことであった(注7)。言い換えれば、和辻の理論には、西田幾多郎や田邊元のような他の京都学派の哲学者が論理の根底においた「絶対無」「空」の否定の力が論理として貫徹されておらず、したがって「他」なるものがその他者性を十分に問われないまま、倫理の主体が「人倫的組織の人倫的組織」として国家に回収される(和辻 十巻一九六二(一九四二)、五九六頁)。和辻の倫理学の課題は、「人倫的組織」の理想としての国家に収束されてしまう。それでもなお和辻が、倫理学の構築において「絶対空」を論理の根底に捉えていたことを、無視すべきではない。

共同体の果てるところで、言語ゲームを共有しない他者と関わる。そのときに無条件の贈与として挨拶が出現する。そこでの挨拶は仲間とのあいだでなされる贈与交換ではない。挨拶をしても、その挨拶は相手ににべもなく無視されたり拒絶されたりするかもしれない。重要なことは、このとき挨拶は「型」に基づく交換ではなく、規範的な「型」がないまま純粋贈与の一つの「かたち」として出現することである。「型」としての挨拶が「無限に深い理解の海」に存する交換(交通)の結晶体であるなら、歴史―風土―共同体なきところに「型」はない。しかし純粋贈与は挨拶という「かたち」をとって出現する。この挨拶には「かたち」に先行するモデルがない。したがって他者との「型」なき挨拶の「かたち」の出現するときは、つまりは挨拶の絶対的な起源の瞬間に立つことを意味する。「絶対空」の根底から新たな挨拶の「かたち」が立ち現れることを意味する。そのような挨拶の出現を世界市民の誕生という課題として捉え直してみよう。私たちの問いは、歴史－風土－共同体なきところに、つまり「型」（間柄）のないところで「かたち」を生みだす、仲間ではない他者と関わる世界市民の作法とはどのようなものかである。

❹ 世界市民と歓待－弔いの作法

（一）世界市民の作法として他者を歓待する

ここでいう世界市民とは、カントの提示したように、国家の存在を認めたうえで理性使用による国家の乗り越えを目指した概念ではない。世界市民とは、国民という「想像の共同体（imagined community）」（アンダーソン　一九八七＝Anderson 1983）の物語による共同性ではなく、純粋贈与という比類のない出来事が、物語による共同性を侵犯しもたらす共同性にたいする仮の呼び名である。世界市民が成り立つのは、私たちが他者を歓待し他者を弔うときである。世界市民が他者を歓待し弔うのではない。世界市民という理念が成立するとするなら、それは他者を国や身分や性別ではなく、無条件で迎え入れるときであり、同様に無条件で弔うときである。しかし、この歓待と弔いは同じ次元の出来事ではない。「歓待」が空間的に他者と出会うことなら、「弔い」は時間的に他者と別れることによって出会うことである。この無条件の歓待と弔いという出来事の生起のうちに、世界市民という共同性が生起する。

たしかに「世界」の誕生は、交通によって地域が「世界」として結び合わされることによってである。その交通を促してきた最大の動機は、宗教的なミッションや純粋な冒険や探検を除けば、商人たちの交換(交易)によって利益を得ることにある。地理上の差異は商品の価格の差異を生みだすため、市場においては等価交換であってもその差異によって商人に利益を得ることができる。経済のグローバリゼーションは、この交通の網をさらに緊密にしかつそのスピードを増大していく。

等価交換は厳密な損得計算に基づいてなされる。したがって、そこでの人間関係も損得計算に支配される。他方、贈与交換は、すでに見てきたように、このような市場における等価交換とは異なった人間関係を実現してきた。贈与交換は、共同体内部での相互援助であり、他の共同体との交際であり、人間活動にとって不可欠な活動である。相互扶助や友愛の関係は、市場交換によって得られる商品や貨幣とは異なる大きな価値を実現していく。しかし、この交換はどこまでも仲間うちでの交換であり、社交的な仲間とのあいだで円環する贈与交換の環は、仲間以外の者には閉じてもいる。

市場における等価交換にしろ、仲間とのあいだでの贈与交換にしろ、このような交換を促すのは有用性の関心である。あるいは必要性によってである。一見して太っ腹な行いに見える贈与交換も、実のところ贈与者と受贈者とのあいだに贈る義務・受け取る義務・返礼の義務が伴っている(Mauss 1966(1925)＝一九七三)。しかし、私たちにはこのような有用性を超えた生の可能性もある。その大きなものの一つは「純粋贈与」と呼ばれてきた。純粋贈与というのは一切の見返りを求めない贈与のことである。交換の環にはならない贈与である。それは反復される制度とはならず、共約不可能な一回性の出来事として生起するだけである。

他者を迎え入れるときの純粋贈与の在り方は、「歓待」と呼ばれてきた。歓待とは、相手が誰であろうと無条件に迎え入れることである。歓待はその意味で純粋贈与の一つである。それは仲間に向けられた条件付きの歓待ではなく、外部の他者に向けられている。この他者を迎え入れる歓待のマナーについては、別のところで詳しく論じた(マナーの本質が純粋贈与としての歓待にあることを明らかにした)(矢野二〇〇八、二三九–二五八頁)。しかし、私たちは他者を迎え入れる「こんにちは」の作法だけでは十分ではない。他者を見送る作法「さようなら」もまた必要である。他者は必ず私たちの世界から立ち去っていくのだ。

(二) 世界市民の作法として他者を弔う

考えてみればすぐにわかることだが、私たちが他者と共有するのは、交換による利害関係ばかりではない。私たちは共に誰かから生まれ、共に死すべき存在者である。この生まれて死ぬという他者と同じ運命を生きるということは、きわめてありふれたことでありながら極限の出来事である。自分が生まれることも、自分が死ぬことも、私たちは経験することができない。私が生まれたときに未だ「私」はおらず、私が死ねば「私」はもはやいない。この私は生まれることも死ぬことも経験できない。私が経験し体験することができるのは、他者の誕生と他者の死である。経験し体験するのが、他者の誕生であり他者の死であるからといって、その出来事は決して軽いものではなく、やはり極限の出来事なのである。「こんにちは」と「さようなら」の極限の出来事である。

ところで、私たちが生まれたというこの事実は、私たちの生まれる以前に、私たちをこの生存にまで導いてくれた「多くの誰か」(アーレント　一九九四＝Arendt 1958)が、かつては生きていたことを示している。その意味で言えば、死者(「多くの誰か」、しかし人間でとどめてよいものか、あらゆる生命ではなかろうか、動物も含めるあるいはあらゆる存在者)とは、生者にとってすべて「贈与者」であり、その意味で「犠牲者」である。そしていつか私たちもまたこの「贈与者」「犠牲者」の名簿に名を連ねることになる。歴史とは、このような死者＝「多くの誰か」＝「贈与者」＝「犠牲者」について語ることである。国家の歴史の物語は王や勇者や政治家や軍人や革命家の「物語」に代表されるかもしれないが、死者である彼ら彼女らは死者であるということで「多くの誰か」の一人であり、「贈与者」であり「犠牲者」である。この「多くの誰か」に向けて、あらためて「さよなら」と告げること。「犠牲者」への弔いは、「弔い」がもともと「問う」ことであり「訪《と》う」ことを意味しているのなら(竹内　二〇〇九、四九頁)、このような歴史にたいする弔い(「問い」「訪い」)であり、物語としての「国民の歴史」ではなく、出来事としての「世界の歴史」に生きる者のもっとも重要な使命の一つである。

世界市民の共同性は、世界の歴史として立ち現れる死者たちへの弔いによっている。これは国民の共同性のように、国家の起源や誕生の祖父や王や革命家の犠牲の「物語」によってもたらされる負債感からくる死者たちへの弔いとは異なる。またこの弔いは、未だ死者として生者の近辺にいる者を生者の世界から分離するための葬送儀礼としてではない。つまり、死者＝犠牲者に対する畏れや負い目からではなく、死者に連なる「贈与のリレー」のランナーとしての弔いである。このような弔いのマナーこそが、世界市民の作法と呼ぶべきものである。そのように考えるなら、この弔いもまた純粋贈与の一つの「かたち」と言わなければならない。

そのような弔いの「かたち」を生みだすときは、歴史―風土―共同体の外に踏みだすとともに、新たな「歴史―風土―共同体」を生みだす瞬間でもある。弔いの「かたち」が新たな意味の世界を生みだし、新たな共同性の「かたち」を生みだす。私たちはローカルな歴史―風土―共同体に支持された「土下座」という「型」にかわる、「世界の歴史」に生きる者として、「型」なき「かたち」(義務を負ったものでない「かたち」)を生みだしていく必要がある。

(三) 弔われない他者の眼差しによって生じた共同性の「ひび」の行方

再び和辻にもどってみよう。和辻は土下座という「型」が、共同体の会葬者と「正しい位置」に立ち、「正当な心の交通」を開いたという。しかし、反対にそのような「正当な心の交通」を開く「型」は、「型」を共有しない余所者を最初から排除する暴力ではないだろうか。このような「型」は、仲間以外の者には閉じられた「型」といえないだろうか。冒頭に引用した文の最後の箇所は、実にこの問題に関わっている。そしてこの最後の箇所こそが、「土下座」という文章の主題をなしているのである。

土下座によって、農村共同体の成員とのあいだに「正当な心の交通」を開いたと実感した和辻は、翌日村の各家に挨拶に行く。

彼は翌日また父親とともに、自分の村だけは家ごとに礼に回りました。彼は銅色の足に礼をしたと同じ心持ちで、黒くすすけた農家の土間や農事の手伝いで日にやけた善良な農家の主婦たちに礼をしました。彼が親しみを感ずることができなかったのは、こういう村でもすでに見いだすことのできる曖昧宿で、夜の仕事のために昼寝をしている二三のだらしない女から、都会の文明の片鱗を見せたような無感動な眼を向けられた時だけでした。が、この一二の例外が、彼には妙にひどくこたえました。彼はその時、昨日から続いた自分の心持ちに、少しひびのはいったことを感じたのです。せっかくのぼった高みから、また引きおろされたような気持ちがしたのです。

彼がもしこの土下座の経験を彼の生活全体に押しひろめる事ができたら、彼は新しい生活に進出することができるでしょう。彼はその問題を絶えず心で暖めています。

あるいはいつか孵《かえ》る時があるかも知れません。しかしあの時はいったひびはそのままになっています。それは偶然にはいったひびではなく、やはり彼自身の心にある必然のひびでした。このひびの繕える時が来なくては、恐らく彼の卵は孵らないでしょう。（和辻　十七巻一九六三（一九二一）、四〇五–四〇六頁）

ここに和辻の倫理学の限界を見るという見方は、すでに指摘されてきた（大橋　二〇〇九、熊野二〇〇九）。私たちがここで問いたいのは、むしろ和辻の敏感な感受性によって露わとなったこの「だらしない女」たちの死の問題である。このとき和辻が感じた「必然のひび」は二重であったはずだ。最初の「ひび」は、たしかに都市化によって入ってきた余所者の目の反射を通して反省されたものである。それは多くの和辻の批判者が述べてきたように、歴史—風土—共同体の外から向けられた眼差しによって生じた「ひび」である。しかしそれだけではない。和辻は気づかなかったが、第二の「ひび」が生じてもいる。「だらしない女」たちには歓待はおろか弔いもない。もし彼女たちが亡くなっても、会葬者に土下座をする者もなく、共同体から排除され無視されることになるだろう。彼女たちには、死を弔う者もなく、またそのための作法もない。和辻が言うように、歴史―風土―共同体を生きるのが人間存在の存在構造だとするなら、彼女たちはいかなる存在なのか。空間において歓待されず、時間において弔われない、歴史―風土―共同体から切り離された者との間柄、倫理のありよう、それを実現する「かたち」としての作法はどのようなものなのか、和辻の思考のうちにも密かに「ひび」が生じたはずだ。それは和辻自身が「都会の文明」に触れたその人でもあるからだ。

この「必然のひび」は、共同体へと収斂する和辻倫理学を浸食し、共同体を超えた普遍の倫理と作法へと裂開する可能性を持っていた。しかもこの「土下座」という文章が書かれたとき、和辻は共同体を超えた倫理の具体的な「かたち」に触れてもいた。大橋良介は新資料に基づいて、この和辻の「土下座」という文章がどのような状況で執筆されたものかを明らかにしている。それによると、この文章は、倉田百三の『出家とその弟子』(一九一七年)のモデルともいわれる西田天香の主催する「一燈園」の機関誌『光』に掲載されたものであり、その内容は、一時期は和辻自身が強く惹かれた天香という人格と、その天香が推進する一燈園での「下座」生活にたいする断念を表わすものであるという(大橋二〇〇九、一五一―一八〇頁)。「下座」という主題は、他者の仏性にたいして常に礼拝した『法華経』に登場する常不軽菩薩のように、懺悔奉公に生きる天香においては、仲間のみならず仲間を超えたすべての存在に無条件に向けられており、宗教的主題と結びついていた。

つまり和辻の土下座についての議論には、土下座を共同体での贈与交換を超えて絶対に開かれるものへと問い直す契機が孕まれていた。和辻はそのことに無自覚ながら気づいていた。彼女たちの「無感動の眼」から、彼女たちの死は誰が弔うのか、そして自分は彼女たちの死を弔うことができるのかという切実な問いを受け取ることができていれば、和辻は「新しい生活」への「進出」は別の局面を迎えることもできたかもしれない。なにより「絶対空」の自己否定を根本論理とする『倫理学』は、いまある「かたち」とは異なったものとなっていただろう。そしてそのとき、「日にやけた善良な農家の主婦たち」に向けられる「型」に基づく土下座ではなく、新たな「さよなら」の「かたち」、弔いの「かたち」が生まれ出たかもしれない。しかし、和辻は、他者というべき「だらしない女」たちの「無感動」な眼差しを、そのような歓待と弔いへの問い、絶対的な「こんにちは」と絶対的な「さようなら」の挨拶をめぐる問いとして受けとめることができなかった。

「だらしない女」とは、歴史—風土—共同体から切り離された今日の私たちのことであることに思い至るとき、この問いは切実なものではないだろうか。

《注》

（注1）『和辻哲郎全集』では、この文章は大正九年発表と記載されているが、大橋良介によれば大正十年の発表である。ここでは大橋の説にしたがった（大橋　二〇〇九〔一九九二〕、一六四頁）。和辻のこの短編エッセイに注目しているのは、大橋良介（二〇〇九〔一九九二〕、一六四‐一七八頁）や熊野純彦（二〇〇九、三五

－三九頁)だけではない。苅部直の『光の領国 和辻哲郎』の序章でも、この土下座論が取りあげられている(苅部　二〇一〇、一－一七頁)。それはこの文章に和辻の倫理学の核心に触れる問題があるからである。

(注2)和辻倫理学において、「国家」は「人倫的組織の人倫的組織」として自覚的な人倫組織であり、その成員であることにおいて人倫的意義を充実させる「究極的な全体性」であって、その意味で家族・親族・地縁共同体や文化共同体といった人倫的組織のなかでもっとも重要な位置を占めている。人間存在の構造として時間性と空間性とを相即するものとして捉えるなかで、和辻はこの国家という人倫的組織において、時間性は「歴史」として、そして空間性は「風土」として具体的に表われるという。本論の「歴史—風土—共同体」とは、そのような和辻倫理学における人間存在論の根本的な在り方を図式的に提示するための便宜上の表現である。ただしこのとき「共同体」が直ちに「国家」を指しているわけではない。

(注3)和辻にとって「土地」とは、「道具」を作りだし、「技術」を生みだし、「隣り」を見いだす場所である。土下座はその意味において「土地」に根ざしているのである。

(注4)「型」と「かたち」との関係については木岡伸夫(一九九四、二一三頁)を参照。また「型」の問題については、唐木順三が「現代史への試み—型と個性と実存」(一九四九年)において、和辻も含めて小宮豊隆・芥川龍之介・阿部次郎ら「教養派」にたいして、「教養派」が個性を重視することで「型」や「形式」を持たないことについて批判してきた(唐木　一九六七〔一九四九〕)。しかし、この和辻の「土下座」を読むかぎり、和辻には「型」の重要性についての認識があったと言えよう。

(注5)「五体投地」というのは、インドやチベットの修業の一つで、自らの体を大地へと投げだすという礼拝を繰り返しながら、聖地へと向かう行のことである。そのとき身体はただ平伏するのではなく、うつ伏せに寝る姿勢で額は地面につけられる。これは自己をまるごと差しだす行為といえる。

(注6)映画の主人公のモデルとなった青木新門は、『納棺夫日記』のなかで、衣服を整え礼儀礼節に心がけた理由

を、周囲から専門家として認めてもらうことと職業上のアイデンティティを構築するためだと語っている（青木　一九九六、三一頁）。

（注7）和辻は、「倫理」という言葉を説明する際、「倫」はもともと「なかま」を意味していること、このとき「なかま」とは「一定の人々の関係体系としての団体であるとともに、この団体によって規定せられた個々の人々」のことであるという。「理」とは「こだわり」「すじ道」を意味しており、したがって「倫理」とは「人間の共同的存在をそれとしてあらしめるところの秩序、道にほかならぬ」と述べている（和辻　十巻一九六二〔一九三七〕、一二－一三頁）。和辻の倫理学とはどこまでも「なかま」に関わる学であった。

《参考・引用文献》（丸括弧内は初出発表年を示している）

・青木新門、一九九六年　『納棺夫日記 増補改訂版』文藝春秋
・青木　保、一九八四年　『儀礼の象徴性』岩波書店
・アガンベン、G.、二〇〇七年　上村忠男訳『幼児期と歴史―経験の破壊と歴史の起源』岩波書店＝Agamben, G., 1978, 2001 *Infanzia e storia: Distruzione dell'esperienza e origine della storia*, Torino:G.Einaudi.
・アーレント、H.、一九九四年　志水速雄訳『人間の条件』筑摩書房＝Arendt, H., 1958 *The Human Condition*, the University of Chicago Press.
・アンダーソン、B.、一九八七年　白石隆・白石さや訳『想像の共同体―ナショナリズムの起源と流行』リブロポート＝Anderson, B., 1983 *Imagined Communities: Reflections on the Origin and Spread of Nationalism*, London: Verso Editions.
・大橋良介、二〇〇九（一九九二）年　『日本的なもの、ヨーロッパ的なもの』講談社

・唐木順三、一九六七(一九四九)年「現代史への試み―型と個性と実存」『唐木順三全集』第三巻、筑摩書房
・苅部 直、二〇一〇(一九九五)年『光の領国 和辻哲郎』岩波書店
・木岡伸夫、一九九四年「習慣としての身体」新田義弘ほか編『岩波講座現代思想十二 生命とシステムの思想』岩波書店
・熊野純彦、二〇〇九年『和辻哲郎―文人哲学者の軌跡』岩波書店
・子安宣邦、二〇〇三年『漢字論―不可避の他者』岩波書店
――、二〇〇三年『日本近代思想批判―一国知の成立』岩波書店
――、二〇〇七年『和辻倫理学を読む―もう一つの「近代の超克」』青土社
・関口すみ子、二〇一〇年『国民道徳とジェンダー―福沢諭吉・井上哲次郎・和辻哲郎』東京大学出版会
・竹内整一、二〇〇九年『日本人はなぜ「さようなら」と別れるのか』筑摩書房
・西田天香、一九九五(一九二一)年『懺悔の生活(新装版)』春秋社
・ベネディクト、R.、一九六七年 長谷川松治訳『菊と刀―日本文化の型』社会思想社＝Benedict, R., 1946 *The Chrysanthemum and the Sword : Patterns of Japanese Culture*, Boston:Houghton Mifflin.
・マリノフスキ、B.・K.、増田義郎訳『西太平洋の遠洋航海者―メラネシアのニュー・ギニア諸島における、住民たちの事業と冒険の報告』講談社、二〇一〇年＝Malinowski, B.K., 1922 *Argonauts of the Western Pacific: An Account of Native Enterprise and Adventure in the Archipelagoes of Melanesian New Guinea*, London:Rotledge & Kegan Paul.
・モース、M.、一九七三年 有地亨・伊藤昌司・山口俊夫訳『社会学と人類学』I、弘文堂＝Mauss, M., 1966 *Sociologie et anthropologie*, Paris: Presses universitaires de France.
・矢野智司、二〇〇八年『贈与と交換の教育学―漱石、賢治と純粋贈与のレッスン』東京大学出版会

・和辻哲郎、一九六二(一九三五)年『風土―人間学的考察』『和辻哲郎全集』第八巻、岩波書店
――一九六二(一九三七)年『倫理学　上巻』『和辻哲郎全集』第十巻、岩波書店
――一九六二(一九四二)年『倫理学　中巻』『和辻哲郎全集』第十巻、岩波書店
――一九六二(一九四九)年『倫理学　下巻』『和辻哲郎全集』第十一巻、岩波書店
――一九六三(一九二一)年「土下座」『面とペルソナ』所収『和辻哲郎全集』第十七巻、岩波書店
――一九六三(一九六一)年『自叙伝の試み』『和辻哲郎全集』第十八巻、岩波書店

第五章

マナーと礼儀作法による「公共の場」の創生

岡部 美香（大阪大学）

❶ 三つの問い

マナーや礼儀作法は、一般に、人と人とが滞りなく交流するための、ある一定の形式を伴う言語や動作の決まりである。これらをめぐっては、旧来繰り返し同じことがいわれてきた。かつては多くの人々がマナーや礼儀作法をしっかり守っていたが、最近では、特に若い人々が守らなくなった、と(注1)。近年、これに次のようなフレーズが付随するようになった。それは、マナーや礼儀作法が守られていない場に居合わせても、周囲の人々、特に年配者がそれを注意しなくなった、というものである。

例えば、次のような場面を想定してみよう。職場の上司が、机に座って仕事をしている部下のそばを歩いて通り過ぎようとしている。この時、上司は、その部下に依頼しなければならない仕事をふと思い出し、部下に声をかける。部下はすぐに顔を上げ、上司の話を聞き、メモをとる。だが、座ったままである。上司は、仕事の説明をするためにかなり長い時間立って話をしているのだが、熱心にメモをとる部下はいっこうに立つ気配はない。

この場合、部下は上司の話を聞いているのだから、仕事の遂行を妨げるような実質的な支障は生じていない。しかも、部下は、自分の仕事をする手を止めて、上司の話を優先的にかつ熱心にメモをとりながら聞いている。したがって、部下には上司に対する配慮がないわけではない。とはいえ、上司が立ったままで話し、部下が座ったままで聞いているという光景に違和感を覚える人は少なくないのではないだろうか。

あなたがこの上司ならどうするだろうか。その部下との個別的な関係にもよるだろうが、部下に注意するのを躊躇するという人もまた少なくないのではないか。なぜなら、次のような近未来が容易に想像できるからである。おそらく、部下は自分の注意を聞いてくれるだろう。その後も、自分が話しかければきっと椅子から立って応対してくれるようになるだろう。だが、もし、その部下の振る舞いが機械的・形式的なもので、その様子から「立てばいいんでしょう、立てば、あなたは納得するのでしょう」という声なき声が聞こえてきたら、それはそれで具合が悪い。形式が守られていても、それよりもっと大切なものが失われてしまったような気がするからだ。これまで滞りのなかったその部下との関係も、どこかぎこちなくなってしまうかもしれない。いま、たとえ椅子に座ったままでも、部下は自分に配慮をしていないわけではないのだから、注意などしなくてもいいのではないか。かえってその方が部下との関係が順調に続くかもしれない。

ここで、どうすれば上司としての面目を保ちつつ、部下との関係を滞りなく続けていくことができるのかという実際的な問題は、いったん脇に置いておこう。以下で問いたいのは、次の三つである。

まず、マナーや礼儀作法に反していることを注意すると失われてしまうような気がする「大切なもの」とはいったい何なのか。マナーや礼儀作法とは、既述のように、一定の形式を伴う言語や動作の決まりである。とはいえ、形式が守られているだけでは意味がない。形式を超えたところにある、だが形式を守ることによってこそ守られる「大切なもの」とは何なのだろうか。

次に、なぜ、それはマナーや礼儀作法に反していることを注意すると失われてしまうような気がするのだろうか。

三つめとして、マナーや礼儀作法に反する振る舞いには、滞りなく続いてきた人間関係にひびを入れて壊してしまうという否定的な意味合いしかないのだろうか。右の例では、マナーや礼儀作法の形式だけが守られるようになると、かえって人間関係が順調にいかなくなるおそれのあることが示唆されていた。マナーや礼儀作法をつねに厳密に守ることが、かえって人間関係を阻害することもあるのだとすると、ひるがえって、マナーや礼儀作法に反する振る舞いにも、人間関係を結ぶことにとって何らかの、必ずしも否定的ではない意味合いがあるとは考えられないだろうか。

以下では、この三つの問いについて考察することにしよう。

❷ 日常生活の安心を得るための作法

（一）差異化し序列化する作法

マナーや礼儀作法の起源は、人間と動物との差異を明確にして「人間らしさ」を示そうとするところにあるといわれる（熊倉　一九九九b、九―一〇頁）。この差異化の機能が端的に表れる振る舞いの一つに、食事の作法をあげることができる。井上によれば、食べることは、人間が「生きてゆくために必須の基本的な行動」であると同時に、「ひろく動物に共通する行動」でもある（井上　一九九九、三一八頁）。それゆえ、人間は、動物との差異を強調し、自分が動物ではなく人間であることをはっきりと示すために、食事の作法を作り出し、それを洗練する必要があったのである（注2）。

ところが、洗練されるにつれて、食事の作法は、人間と動物との差異化を図るだけでなく、人間どうしを差異化し序列化するという機能も有するようになる。

そうした機能がもっともよく表れるのが、日本では、葬儀における食事の作法である。従来、葬儀は、食事の作法がもっとも厳格に守られる場の一つであった。例えば、全国的に広く行われてきた習俗の一つに「枕飯」がある。枕飯は、人が亡くなるとすぐに炊かれて枕元に供えられる一膳飯であるが、これを炊く作法、供える作法は、通常の食事の場合とは異なっている。まず、家の竈《かまど》は使用してはならず、庭に臨時に設けられる別竈（別火）で炊かなければならない。一膳分の米を量るのには、死者が生前に使用していた茶碗に米を盛って斗搔《とかき》をかける。通常の食事では、茶碗に米は盛らないし、飯を盛る際にも斗搔をかけてはならないとされている。米と水を鍋に入れる順番を通常の食事とは逆にする地方もある。枕飯は、最終的には墓か火葬場にある地蔵に供えられ、生者は基本的に食べてはならない。こうした作法には、死者が生者と異なる存在であることを明確に示し、死穢が生者に感染するのを防ぐ意味合いがあるとされている（新谷・関沢　二〇〇五、五〇頁、新谷　二〇〇九、五四―七五頁など）。

新谷によると、死穢を祓うためのこうした作法は、死者に愛着や親しみをもつ家族や仲間ではなく、「周囲の人間がむしろ積極的に関与して」行うものであったという（新谷　一九九五、五二頁）。かつては、どの死者に対しても同じように葬儀や供養が行われたわけではなかった。葬儀や供養の手続きを経てイエの祖霊になることができる死者とそうでない死者とは明確に区別されていた。一般に、前者は本仏、後者は無縁仏と呼ばれるが、後者は、実のところ、イエ本来の先祖である本仏が強く意識されるようになって初めて形成された概念である（新谷・関沢　二〇〇五、二五四―二五五頁）。この概念形成と時を同じくして、本仏を「正統な」作法で祀るために、死を穢れているものとみなす観念と死穢をある特定の作法をもって祓う習俗とが広く浸透したと考えられている（注3）。たとえ生前にどれだけ大切に慈しんだ人であっても、夭折や横死や客死などのために本仏にはなれないとみなされると、イエやムラに災いをもたらさないよう、本仏の場合とは異なる作法で祀られた。また、本仏を「正統に」祀ることができるのは、イエの直系の子孫に限られていた。このように、葬儀における作法は、近世以来のイエを中軸とする共同体の人間関係――この人間関係には、死者も生者も含まれている――と密接に関連するものであった。

ちなみに、葬儀で生者が飲食するものは、喪家ではなく、講中や庚申講や隣組といった隣近所の台所で調理するのが一般的であった（井阪　一九八八、七八頁など）。血縁者は、死者と近しいがゆえに、死穢を感染させるおそれがあるということで、生者の飲食に関わることができなかった。これに関わることができるのは、特定の地縁者だけだとされていた。だが、このような形で葬儀に地縁者が関わるようになったのは、近世以降のことだといわれている。新谷は、「近世社会における近隣組織の発達と相互扶助の慣行の浸透」によって、それまでは主に血縁者の間で行われていた葬儀に地縁者が関わるようになったのだろうと述べている（新谷　一九九八、二六八頁）。そのため、葬儀における食事に関わる伝統的な作法には、近世の身分制度やイエ制度に基づいた共同体の人間関係の秩序が反映されているものが多い。もちろん、これは食事の作法に限ったことではない。さまざまな葬具を誰が用意するのか、墓穴を誰が掘るのか、野辺おくりに誰がどのような作法で同行するのか、香典として誰が何をどれだけ、どのような作法で包むのかなど、葬儀に関わるすべてが共同体の人間関係の秩序に即して決められており、人々はそうした言動の決まり、すなわち作法にしたがって、自分の「分」に応じて振る舞う必要があったのである。

ここまで見てきたことからわかるように、葬儀における作法は、生者と死者とを差異化するのみならず、本仏と無縁仏、直系と傍系など、生者も死者も含めて共同体に帰属するすべての人々を、共同体の人間関係の秩序に即して差異化し序列化するという機能を有していた。こうした機能は、葬儀の場合のみならず、マナーや礼儀作法一般に見られるものである(注4)。井上がいみじくも指摘しているように、「作法は、身分制ないし階層制をあらわす文化コード」(井上　一九九九、三二〇頁)であった。換言するならば、マナーや礼儀作法は、かつては、生きている時間のみならず死後の時間においても、人々に、ある特定の共同体に帰属していることを意識させ、その人間関係の秩序のどこに自分が位置づいているのかを確認させるものであったといえるだろう。

(二)恥と笑い

マナーや礼儀作法が共同体における人間関係の秩序と密接に関連するものであることは、マナーや礼儀作法を守れなかった時に感じるのが一般に「恥ずかしい」という感情であることにも表れている。

私たちは、結婚式に招待されたら祝儀を包む。これは、昔ながらの作法である。その場合、難しいのは包む額である。招待主との関係はもちろんであるが、他にも自分の年齢や社会的地位、招待客のなかでの位置づけなどを考慮して、適切な額を見極めることが重要となる。もし、多過ぎたり少な過ぎたりすると、さらには、それを他の誰かに知られると、私たちは、申し訳ないと思うのと同じくらいか、それ以上に強く恥ずかしさを覚える。そうした事態に陥るのを回避するために、私たちは、事前にマナーや礼儀作法の指南書を参考にしたり、同じく招待された友人・知人にそれとなく聴き合わせたりする。

　恥ずかしいという感情が生起するメカニズムについて、向坂は次のように分析している。「日本人の恥は、…（中略）…中心からハズ(外)れていることと深い関係がある…（中略）…その中心とは『場』であり、『世間』や『世間のきまり』であり、そこから『外れる』ことが『恥』の大事な要素になっているわけである」(向坂　一九八二、一八八頁)。また、井上は、「『世間』を母胎とする一定の優劣規準――いわば公的な優劣規準――に照らして、私たちが劣等であると信じている自我の一部分が露呈することを、おそれる」(井上　二〇〇七、一五六頁)がゆえに恥ずかしいと感じるのだ、と述べている。このように、日本の文化状況のなかで生まれ育った人々の場合、「世間」の規準を中心として、自分の振る舞いがその中心から外れていることを意識した時に、恥ずかしいという感情が湧き上がるのだといえる。

では、世間とは、どのようなものなのであろうか。井上は、中根千枝や土居健郎らによる先行研究の成果を踏まえつつ、日本の文化状況のなかで生まれ育った人々の生活空間が概して三つの同心円から構成されていることを明らかにしている（井上 二〇〇七、九七－一四〇頁）。もっとも内側にある円は、「ウチ」と呼ばれるもので、身内や仲間内の人々と暮らす生活空間である。ここは、遠慮のない、甘えの効く場であり、身内の者や仲間が少々恥ずかしいことをしても、それにふたをしたり目をつぶったりすることができる。もっとも外側にある円は、「ヨソ」と呼ばれるもので、通りすがりの交差点や旅先など、無関係の他人と交流する空間である。「旅の恥はかき捨て」という言葉にも表れているように、ここでは遠慮をする必要も世間体をつくろう必要もない。この二つの円の中間にある円、すなわち、身内の者や仲間ほど近しくはなく、かといってヨソの人ほど疎遠でもない人々と暮らす空間が、世間である。地縁者など、同じ共同体に帰属する人々との付き合いは、まさに世間という場で行われている。この世間を、日本の文化状況のなかで生まれ育った人々は「準拠集団」としてみなしてきた、と井上は指摘する。すなわち、「人の振り見て、わが振り直せ」ということわざにもあるように、世間の規準に準拠して、自分の振る舞いを正そうとしてきたのである。

とはいえ、世間の範囲や世間の規準は特に明文化されているわけではない。むしろ、それらは状況に応じて変動する、流動的であいまいなものである。では、自他の振る舞いが世間の規準に適っていること、逆にそこから外れていることに、人はどのようにして気づくのだろうか。これに気づくきっかけは、一般に「笑い」であるといわれている。「人様から笑われないようにしなさい。」「世間の笑い者にならないようにしなさい。」躾に際して頻繁に用いられるこれらのフレーズは、世間の規準に適っている限り他者から笑われることはないが、そこから外れるような恥ずかしい振る舞いをすると他者から笑われてしまうのだ、ということを示している。

柳田は、このような笑いを、他者に対する物理的な暴力を伴わない「攻撃方法」だと考察している（柳田　一九六二、一六七頁）。ある人が世間の規準から外れた振る舞いをして、それが世間の知るところとなると、その人は、世間の中心ではなく、中心から外れた世間の周縁に位置づけられる。世間の周縁に位置づくことは、その中心に位置づいているよりも「弱くて」「不利な」社会的立場に立つことを意味する。笑いは、そうした立場に立っている人に対して向けられる。つまり、笑いは、「勝ちかゝった者」、すなわち相対的に世間の中央に位置する人が、自分の優位と相手の劣位を露骨に明示することで自他の優劣を決定づけるべく「なほ働きかける」「追撃方法」なのである。笑うことによって、人は、自分が世間の中央に位置づいていることを確認し、世間で生活していくうえでの安心を得る。他方、笑われる人にとって、そうした笑いは、自分の「不幸を豫期」する「やさしい氣持を伴なはぬもの」であり、「不快の感を與へるもの」でしかない（柳田　一九六二、二三一―二三五頁）。

にもかかわらず、時として、まさに笑われているその人が「微笑む」ことがある。また、周囲にいる人々が微笑んでいる場合もある。柳田によれば、こうした微笑みは、笑う人に対して向けられる「一種の會釋」なのだという(柳田　一九六二、二三三頁)。この会釈としての微笑みを、井上は「他者の期待への同調」だと解釈している(井上　二〇〇七、一九八頁)。ここでいう他者とは、必ずしも笑う人のことだけを指すのではない。それは、世間の人々を意味している。つまり、周囲にいる人々は、微笑むことで、自分が世間の人々からの期待——世間の規準に適った振る舞いをするという期待——にきちんと同調していることを表明しているのである。笑われている人の場合も同様である。その人もまた、世間の人々が期待するものが何かをきちんとわかっていること、その期待に反する振る舞いをしたために現在のところは世間の周縁に位置づかざるを得ないと自覚していること、とはいえ、世間から出てヨソの人になるつもりはないこと、それゆえ、世間の規準から外れた振る舞いを二度としないよう心がけるつもりであることを、微笑むことで表明するのである。

(三) 平等の原理と序列への関心との共存

これまでの議論を踏まえると、次のことがいえるだろう。マナーや礼儀作法がある特定の人々の間でうまく機能しているということは、すなわち、その人々が皆、同一の共同体に帰属していることを意味する。その場合、彼らはそれぞれ、その共同体における序列化された人間関係のどこかに位置づいている。この位置づけは、共同体の成員全員に周知され、共通に認識されるべきものである。

だが、その位置づけは明文化されているわけでもなく、そのつどいちいち言葉で確認されるわけでもない。例えば、職場の宴会で、座席(表)にわざわざ席次順に番号をふらなくても、出席者はだいたいのところ自他の席次を了解している。逆に、番号などで席次を可視化することは、席次を間違えるのと同じくらい、不躾であり興ざめである。では、出席者は何を手がかりにして、暗黙のうちに席次を了解するのか。それは、幹事や司会者など、席次を了解している人々が見せる、マナーや礼儀作法に則った振る舞いからである。彼らは、誰を床の間に近い席に案内しているか。誰に対して優先的に、あるいは丁寧に挨拶しているか。そうした振る舞いから、私たちは自他の席次を看取する。そして、看取した席次に応じて、マナーや礼儀作法に反しないように振る舞うことを心がける。この時、他の出席者から笑われなければ、私たちは、自分の振る舞いが適切であると安心することができる。他方、笑われるようであれば、恥ずかしげに微笑みながら、自分の振る舞いを正していかなければならない。

このように、マナーや礼儀作法を通して、私たちは、自分がある特定の共同体にきちんと帰属していること、共同体における人間関係の序列にきちんと位置づいていることを確認する。こうして確認することで、私たちは安心してその共同体のなかで生活することができる。子どもの誕生や婚礼や葬儀など、共同体における従来の人間関係の秩序に変更を迫る出来事を祝ったり祀ったりする儀式では、普段よりも特に厳格にマナーや礼儀作法を守ることが要求される。それは、マナーや礼儀作法を「正しく」遂行することによって、共同体に帰属する人々の位置づけが「正しく」変更され、変更後の

「正しい」人間関係の秩序が共同体の成員全員によって承認され、確認されるからである。このように、マナーや礼儀作法の遂行を通して、共同体の存在はその成員たちの間で確かなものとして認識され、保持されていくのである。

ここで、冒頭にあげた三つの問いのうち、最初の二つに答えることができる。まず、マナーや礼儀作法の形式を守ることによってこそ守られる「大切なもの」とは、自分と相手が同一の共同体に帰属して同一の世間を「準拠集団」とみなし、両者ともにその共同体における序列化された人間関係にきちんと位置づいているのだという確信、そしてまた、自分は世間から外れていないのだという安心である。

こうした確信や安心は、共同体への帰属やその序列の如何をわざわざ言葉で確認すると、かえって揺らいでしまう。「あなたと私は同じ共同体に帰属していますよね？」や「あなたは私より目下(目上)ですよね？」などのように口に出して確かめないといけないとしたら、そこでは、共同体の成員全員に承認されているはずの人間関係の秩序はすでに十分には機能していない。その場合、言葉で確認することは、人間関係に支障が生じていることを白日の下にさらすのに他ならない。

もちろん、近代以前の封建的な社会では、そのように言葉で確認したり、さらには、マナーや礼儀作法を守らない相手に対してはっきり注意や叱責をしたとしても、問題は生じなかったであろう。むしろ、社会を安定的に存続させる態度だとして、奨励されたにちがいない。なぜなら、封建的な社会とは、共同体に帰属する人々がそれぞれの「分」に応じて互いに役割を果たすという、共同体の人間関係の秩序に即した互酬関係がうまく機能してこそ成り立つ社会だからである。

だが、近代以降、すべての人間は平等であるという原理が法の下に確立されると、事情は異なってくる。年齢や社会的地位、男女の別などにかかわらず、すべての人間が平等であるならば、そもそも共同体における人間関係の秩序に即して前もって決められている作法などあるはずもないし、その作法に拠りつつ自分の「分」に応じて振る舞うという行動様式も原則的に成立し得ないはずである。ところが、先にあげた婚礼に際しての祝儀や宴席の席次といった例を引くまでもなく、日本では、近代以降も、そうした作法や行動様式が依然として求められている。つまり、ある集団内の人間関係の序列に対する人々の関心がまったく消え去ってしまったわけではないのである。

このように平等の原理と序列への関心が共存する場合、共同体における人間関係の秩序は、社会的な属性ではなく、個人の人格や能力によって決定されるとみなされる傾向が強くなる。具体的に述べるなら、年長者であれば無条件に年少者から敬われるわけではなく、その年長者が、年長者として敬われるような人格や能力をたしかに具えている、と年少者からみなされて初めて、人間関係の秩序が成立すると考えられるようになるのである。本章の冒頭にあげた例に即せば、部下が座ったままで上司の話を聞くという事態が生じているのは、マナーや礼儀作法を知らない部下にのみ要因があるのではなく、マナーや礼儀作法を守りたいと部下に思わせるような人格や能力を上司が具えていないからだ、とも考えられるのである。その場合、マナーや礼儀作法が守られていないことを言葉で注意したり叱責したりすることは、上司にとってよりいっそう困難となる。なぜなら、それは、部下との人間関係に支障が生じていることを露呈するだけでなく、上司に必要とされる人格や能力が具わっていないと自ら暴露することにもなりかねないからである。

❸ 日常生活の安定をずらすための作法

(一) 無縁の場における作法

ところで、近代以前の封建的な社会においても、共同体の人間関係の秩序をわざとずらし、そこに集う人々が社会的な属性に関係なく振る舞うような場を一時的に出現させるという習俗があった。そこでは、日常生活の安心を得るための作法とはまた異なる作法が求められた。連歌や茶の湯などの遊びにおける作法は、その典型である。

ここでは、連歌に注目することにしよう。連歌とは、複数の人々による句の連作として制作される詩の一つの形式である。ある人が詠んだ五・七・五の発句を受けて別の人が七・七の脇句を詠み、その脇句をまた別の人が五・七・五で受けるという具合に、直前に詠まれた句に新たな句が付合され、これが繰り返されることによって、連歌は展開する。「一句ごとに鑑賞と制作を繰り返しつつ、そこに渾然とした詩的な雰囲気をつくりだしてい」くダイナミズムにこそ、連歌の醍醐味があるといわれている(数江　一九七三、二四九頁)。

連歌のこのダイナミズムを、和辻は日本の風土が生み出した独特な芸術的性格であると評している。一つ一つの句は、それぞれ異なる人によって制作される。つまり、一句ごとに独立した詩的世界が描かれる。その場合、句が新たに付合されるたびに、前句を制作した「一人の作者の想像力が持つ統一」は、新たな句を付合する別の作者によって「故意に捨てられ」る(和辻　一九七九、二三二頁)。「指揮者《コンダクター》なき共同制作」(数江　一九七三、二五二頁)とも称される連歌の「展開の方向は…（中略）…『偶然』にまかせられ」ている(和辻　一九七九、二三二頁)。

とはいっても、まったくでたらめの偶然に任されているわけではない。句の付合に際しては、直前に詠まれた句の句境や情趣や調子を十分に踏まえたうえで新たな句を制作するのが、基本的な作法である。その場合、付合される新たな句が前句とまったく関連のないものであってはならないが、かといって、両者があまりに同調的・親和的であるのも避けなければならない。無関係ではなく、かといって馴れ合いでもなく、つかず離れずの適度な距離感を保ちつつ前句の意味内容をずらしていく。この振る舞いが、連歌にほどよい調和と緊張をもたらすのだという。

竹内によれば、こうした句の付合においては、言語表現とそれが指し示す意味内容との関係性が安定したままでとどまることはない。「それはつねに意識化され、疑問視され、乖離され続ける」(竹内　一九九八、五八–五九頁)。そうであるがゆえに、連歌は次のような特徴を有する、と竹内は述べる。「日常の言語操作において我々は、言語表現とその意味の間に、唯一絶対の絆が存在しているかのような錯覚のなかにいる。連歌とは、この錯覚をうち崩し、言語の多義性と不確実性とのたわむれ自体を興趣の中心に据える文芸ジャンル」なのである(竹内　一九九八、五七頁)。

興味深いのは、このような特徴を有する連歌が詠まれる場である。『俳文学大辞典』によると(加藤他　一九九五、一四二頁・九七六頁・九八二頁など)、連歌を詠む人々すなわち連衆が寄り合うのは、たいてい連歌所であり、連歌所の多くは寺社、とりわけ神社に設けられた。連歌を詠むに際しては、床に神像を掛けるのが正式であり、詠み終えた後は、神前に披講した(曲節をつけて作品を詠み上げた)。また、連歌には、毎月定例で行われる月次連歌のほか、代表的なものとして、法楽連歌・奉納連歌(神仏に奉納する連歌)、祈祷連歌(神仏に実際的・具体的な願望の達成を祈願する連歌)、夢想連歌(夢に現れた神仏の示した句を起句として詠む連歌)、出陣連歌(武将が戦勝祈願または戦勝奉賽のために神仏に奉納する連歌)、移徙連歌(新宅への移転に際して防火祈願のために詠む連歌)、追善連歌・懐旧連歌(故人を追慕して詠む連歌)などがあった。このように、連歌は概して神仏を前にして詠むものだったのである。

人智や人力を超える神仏の前だからこそ、寄り合う連衆は、身分の違いなど人間の共同体におけるさまざまな世俗的しがらみを超えて、共に詩を制作する「連帯感」と共に詩を完結させる「喜び」とを享受することができた（加藤他　一九九五、九七七頁）。こうした特徴がもっとも端的に表れているのが、笠着連歌である。この連歌には、当初から連歌を詠むために寄り合った連衆以外にも、寺社に参詣に訪れた人々が飛び入りで参加することができた。飛び入りの参加者は笠着の衆と呼ばれ、笠をとらず「作り名」のもとで「作り声」を用いて、すなわち身分や素性を隠して句を詠んだと伝えられる（加藤他　一九九五、一五一頁）。

以上のように、連歌は、人間の暮らす世俗の世界が神仏の司る聖なる世界と接する境界で詠まれていた。こうした境界は、網野の言葉を借りるなら、「世俗の縁の切れる」場、すなわち「無縁」の場であり、「人も物も、神仏の世界、聖なる世界に属し、誰のものでもなくなってしまう」場であった（網野二〇一二、一五七―一五八頁）。

中世や近世において、人々のもっとも身近にあった無縁の場は「市場」である。当時、市が立つ場といえば、河原や河の中洲（河と岸との境界）、海辺の浜（海と陸との境界）、坂の途中（山と平地との境界）などが多かった。一般に、物を交換すると、交換した人々の関係はより親密になる。なぜなら、物には、目に見えなくとも、贈り主の想いや願いがこもっていたり、贈り主がその物と関わった歴史が刻まれていたりするからであり、そうした物を贈り―贈られることは、同時に、贈り主の心やそれまで生きてきた年月の記憶を贈り―贈られることになるからである。このような関係は、贈与交換と呼ばれる。贈与交換の場合、贈られた人は贈られた物に見合う何かを贈り主に返さなければならないという負債の思いをおのずと抱くようになる。そうして互酬的な贈与が特定の人々の間で繰り返されると、それに伴って、人々の関係も親密になっていくのである。だが、これでは市場は成り立たない。市場が成り立つためには、不特定の誰もが後腐れなく売り買いできる商品として、物が交換されなければならない。それには、物の所有者の想いや願いや生きてきた年月の記憶といった世俗の縁をその物から断ち切る必要がある。そうして初めて、所有者の日常生活における私的な関心や関係性を超えて、どの人もある一定の作法にしたがって物の交換に参加することのできる公の世界――網野に即せば「公界」――すなわち市場が成立するのである(網野 一九七八、網野 二〇一二)。

連歌が詠まれる場であれ市の立つ場であれ、世俗の縁の切れた無縁の場では、次のような出来事が生起している。すなわち、日常生活のなかで当然視されるあまり意味や在り方が問い直されることもないような人と人との関係性や人と物との関係性からいったん離脱して、それらがないものとされる場で、いま一度、関係性の創生に立ち会うという出来事である。例えば、連歌では、通常、「唯一絶対」と思い込んでいる言語表現とその意味との関係性が括弧に入れられて、人は言語の多義性と不確実性の前に立って言葉を紡ぎ出す。また、市場では、人々の日常生活における私的な関心や世俗的な関係性を断ち切って、それを超えたところで、物が取引される。このように、無縁の場とは、既存の関係性が断ち切られ、あらためて関係性が創生される場なのである。この関係性の創生が、既存の関係性の再生となるのか、その改革となるのか、あるいは、単にその破壊で終わるのかは、連歌の制作や市場における取引がかつてそうであったように、その場に偶然にも居合わせた人々や偶然にも存在したものやことの間に生起するダイナミズムによる。いずれにせよ、既存の関係性は、無縁の場でいったんその意味と在り方を問われ、ほかの多様な関係の可能性へと開かれるのである（注5）。

（二）世間のヒエラルキー構造の崩壊と無縁の場の喪失

ここで、前節で取りあげた「日常生活の安心を得るための作法」と本節で取りあげた「日常生活の安定をずらすための作法」とを比較してみよう。表5－1をご覧いただきたい。

マナーや礼儀作法とは、一般に、ある共同体の人間関係の秩序に即して定められた一定の形式を伴う言語や動作の決まりである。この決まりにしたがって適切に振る舞っている限り、人々はその共同体のなかで生活するのに不安を覚える必要はない。というのも、前節で考察したように、マナーや礼儀作法は、それを守る人々に対して、同一の共同体にきちんと帰属しているのだとい

表5-1

	機能する場	様態	目的・機能
日常生活の安心を得るための作法	人々が共に帰属する同一の共同体ないしは世間	ある一定の形式の繰り返し	生活上の確信と安心 共同体の安定と保持
日常生活の安定をずらすための作法	共同体における世俗の縁が切れた無縁の場	日常のなかで繰り返され定式化した形式のずらし	共同体における既存の関係性の再生・改革・破壊

う確信と安心とを与えてくれるからである。マナーや礼儀作法が共同体の成員によって守られ、それが繰り返されることによって、共同体そのものもまた安定的に存続していく。

だが、同じことの繰り返しは、必ずマンネリ化を引き起こす。人々は、その意味をあらためて振り返ることのないまま、時にまったく意味のわからないまま、昔ながらの決まりであるという理由だけで、マナーや礼儀作法を繰り返すようになる。そうなると、マナーや礼儀作法は形骸化し、それが安定的に保持してきた共同体の人間関係の秩序も、その秩序のもとで営まれる人々の日常生活も、硬直化してしまう。

無縁の場は、そのように硬直化した既存の関係性をあらためて見直す機会を提供してくれる。定式化された作法をわざとずらして、日常生活における私的な関心や世俗的な関係性からいったん離脱して、それを超えたところで、人と人、人と物との関係性をほかの多様な可能性へと開いてみる。そして、ほかにもさまざまな可能性があることを承知したうえで、既存の関係性へと立ち戻るのか、それともそれを修正するのか、あるいは破棄するのかを、人は、その場に偶然にも居合わせた人々とともに、また偶然にもそこに存在するものやことのなかで、あらためて判断する。この時、あらためて創生した関係性を、人は、自分にとって意味のあるものとして引き受ける。このようにして、これまで続いてきた、そしてこれからも続いていく日常生活の営みは、その人にとって意味のあるものとしてふたたび活性化されるのである。ふたたび活性化された日常生活の営みは、あらためて創生された関係性を保持するべく、特定のマナーや礼儀作法を守るよう、人々に要求することだろう。そして、そのマナーや礼儀作法が繰り返し守られることによって、人々の日常生活が営まれる共同体もまた安定的に存続していくのである。

このように考えるならば、日常生活の安心を得るための作法と日常生活の安定をずらすための作法は、一見、相容れないように見えるものの、単にAと非Aというような二項対立の関係にはないことがわかる。両者は、互いが互いを湧出させる源となるような形で、一方が他方をつねにすでに含み込んでいるような関係にあるといえるのである。

ようやく、冒頭に掲げた三つめの問いに対する暫定的な答えを提示する時が来た。三つめの問いとは、マナーや礼儀作法に反する振る舞いにも、人間関係を結ぶことにとって何らかの、必ずしも否定的ではない意味があるのではないか、というものであった。本節の考察に基づいてこの問いに答えるならば、次のようになるだろう。マナーや礼儀作法に反する振る舞いは、当然視されているがゆえに問い直されることもない既存のマナーや礼儀作法を、あらためて意識化させてくれる。そうすることによって、既存のマナーや礼儀作法に疑義を呈し、それをほかの多様な可能性へと開いてくれる。つまり、そこには、既存のマナーや礼儀作法と、それを介してこれまで結ばれてきた人と人、人と物との関係性とを再活性化させる、という意味合いがあると考えられるのである。

とはいえ、この回答に「暫定的な」という断わりを入れざるを得なかったのは、次の理由による。井上によると、戦後の日本社会では、近代化によって共同体が解体し、それに伴って、これまで人々の振る舞いに指針を与えてきた世間という準拠集団のヒエラルキー構造が崩壊してしまったという（井上　二〇〇七、一二八頁）。それだけではない。かつて存在していた無縁の場もまた失われてしまったのではないか。例えば、（金融・経済）市場はいまや、人々が自分（たち）の利害関心に基づいて、欲望を剝き出しにして、闘争を繰り広げる場と化している。しかも、この――交流ではなく――闘争を媒介しているのは、日常生活のなかで人の序列（給料や社会階層）や物の価値（値段）を示す一般的な基準とされている金銭である。もう、そこは、神仏を前にして、私的な関心や世俗的な関係性から離脱した人々が行き交う場でも、同じくそうした無縁の物が取引される場でもない。また、神仏の司る聖なる場所である寺や神社も、現代人の多くにとっては、受験の合格祈願などのように、もっぱら世俗的な欲望の達成を祈願する場であったり、初詣や七五三などのように、四季折々の家族行事や地域行事が催される会場であったりする。その場合、日常生活の在り方や既存の関係性を反照的に捉え返すよう、人々を促したり導いたりする力は、かつてに比べるとずいぶん希薄になっているといわざるを得ない。

このように、世間のヒエラルキー構造が崩壊し、無縁の場もまた失われてしまったのだとすると、日常生活の安心を得るためのものであれ日常生活の安定をずらすためのものであれ、マナーや礼儀作法が機能する場そのものが現代の日本ではきわめて成立しにくくなってしまったといえるのではないだろうか。

❹「公共の場」の創生

(一) メディアとしてのうまく機能しないマナーや礼儀作法

だが、たとえマナーや礼儀作法の機能する場が成立しにくくなってしまったのだとしても、人は、これからもほかの人と出会いながら生きていく。さまざまな人々との関係のなかで暮らしていく――そうした人々との交流が滞りのないものであることを願いながら。

ならば、人と人とが何とかうまく交流することのできる「場」そのものを創生することはできないだろうか。

ここで冒頭の例、すなわち、立ったまま説明をする上司に対して、部下が座ったままでその説明を聞いている、という例を思い出していただきたい。部下のこの振る舞いは、年功序列の重視を大前提とする場においては、たしかにマナーや礼儀作法に反するものである。だが、この場を、例えば、コラボレーションを何より重視する場として想定してみるなら、自分の仕事を後回しにして優先的に上司の説明を聞き、熱心にメモをとる部下の振る舞いは、その場にふさわしい作法となる。このように、振る舞い自体は同じでも、それが行われる場の想定が変われば、振る舞いの意味はおのずと変容する。

ここで重要なのは、場の変容に伴って、その場にいる人が質的に変容するという点である。年功序列を重視する場においては、部下のマナー違反に対して注意するのを躊躇する上司は、第二節の末尾で見たように、人間関係に生じている支障や自分の能力不足が露呈しないよう、保身に努める人でしかない。だが、コラボレーションを重視する場においては、部下に敢えて注意をしないという可能性を検討する上司は、旧弊にこだわることなく、部下との人間関係を順調に保持して、コラボレーションに積極的に貢献する人となる。部下もまた、ただの世間知らずで失礼な人から、仕事熱心で誠実な人となる。

既存のマナーや礼儀作法が守られないことに違和感を覚えるような場、逆に、それが守られることに対して違和感を覚えてしまうような場は、人と人とがずれながら出会っている場だということができる。このずれを、はずれ（外れ）とみなすのではなく、ただのずれとして捉えてみよう。すなわち、どちらが中心か（あるいは正統か）という問いを立てずに、ただ、自分と相手は同一ではない存在として出会っているのだと捉えてみよう。そして、相手を自分に同一化することなく、また自分を相手に同一化させることもなく、いま現に生じているずれがもはやずれではなくなるような場を創生してみるのである。

このようにして創生される場は、自分のものというわけではないが、相手のものというわけでもない、すなわち誰のものでもない公の場である。私たちの世俗的日常に現象するこの公の場を、ここでは「公共の場」と呼ぶことにしよう。「公共の場」において、人は、自分とは異なる他者と、どちらが中心かなどと優劣を争うことなく、また、ただずれたままに終わるのでもなく、関わり合い交流することができる。このように、うまく機能しなくなったマナーや礼儀作法そのものを媒介として、私たちは「公共の場」の創生を試みることができるのである。

今日、同一の秩序に基づく振る舞いを人々に要請してきた世間のヒエラルキー構造がもはや崩壊してしまったという前提に立つならば、日常生活のなかで私たちが出会う人はどの人も、自分とは異なる他者であり得る。だとすると、ずれの生起する可能性は、日常生活の至るところにつねにすでに潜在している。したがって、ずれを媒介として「公共の場」を創生する可能性も、私たちにはつねにすでに開かれているといえるのである。

(二)「公共の場」を創生する作法

とはいえ、ずれが生起すればおのずと「公共の場」が創生されるわけではない。やはり、ずれを媒介として「公共の場」を創生するのにも必要とされる作法がある。

まず重要なのは、現実化しているある一つのものごとには、つねにほかの多様な可能性が潜在している、とみなすものの見方である。上司と部下の例に即せば、二人が立っている場として、年功序列を重視するもの以外にもさまざまな可能性が想定され得る、とするものの見方である。九鬼は、これを「離接的偶然」と呼んだ。離接的偶然とは、「無いことの可能」(九鬼 一九三五、三三三頁)、すなわち、いまはたまたまそうであるが、そうでないこともまた同じように可能なのだ、ということを意味している。

こうしたものの見方のもとでは、いま目の前にある現実が、根拠のない不確かなものに思えてしまうだろう。だが、他方ではまた、同じその現実が、多様な可能性を潜在的に含むものとして私たちの前に立ち現われてくる。現実に潜在するこの多様な可能性こそが、自分とは異なる他者と互いに他者のままで出会う可能性、そしてまた、その出会いを通して私たち自身が質的な変容を遂げる可能性を開いてくれるのである。

より具体的に述べてみよう。いま目の前にある現実が根拠のない不確かなものであるのと同じく、いまここに生きる「この自分」もまた、この世に偶然生まれ落ちた不確かな存在に過ぎない。自分が絶対に「この自分」でなければならなかった確かな根拠など、どこにもないのである。このように不確かな存在である自分が、同じくこの世に偶然生まれ落ちた不確かな存在である他者といかにして出会うのか。この出会いに、いかなる態度で臨めばよいのか。自分も他者も根拠のない不確かな存在なのであるから、どちらかを中心(あるいは正統)とみなす根拠はない。したがって、一方が、中心(あるいは正統)であることを理由に、他方を同一化し回収してしまうようなことがあってはならない。自分と他者とは、互いに他者のままで出会うのでなければならない。

出会う他者をどこまでも他者として措定し、そうした他者との出会いこそを享受する。これを可能にする作法については、九鬼の論じた「いき」の三つの徴表、すなわち「媚態」、「意気地」、「諦め」が示唆してくれる(九鬼　一九七九、二一―三一頁)。相手との距離をできる限り近づけようとするが、同一化して緊張感が失われるような事態には至らない(媚態)。むしろ、相手に決して同一化しないという気概をもって、相手と向き合う(意気地)。とはいえ、自分に執着するわけではなく、また目の前に存在する人やものごとにも執着はしない(諦め)。何ものにもこだわらず、何ものにもとらわれず、私的な関心や世俗的な関係性を離脱して、それを超えたところで、他者と出会う。こうした出会いを契機に、それまでの自己からいったん離脱して、質的に自己変容する可能性が開かれるのである。

「いき」は安価なる現実の提立《ていりつ》を無視し、実生活に大胆なる括弧《かっこ》を施し、超然として中和の空気を吸いながら、無目的なまた無関心な自律的遊戯をしている(九鬼　一九七九、二八頁)。

これはまた、「公共の場」で他者と出会い、関わり合う人の姿でもある。現にある決まりや既存の関係性にこだわらず、世俗的日常のしがらみを括弧に入れて、確かな未来を企てる何らかの目的に規定されることもなく、また私欲に溺れることもない。自分と相手がいまここに、ずれながらも存在していることそのものを享受し、そのように存在する意味がよりいっそう充溢するように、不確かな、だが多様な可能性に満ちた現実と戯れる。それは、例えば、かつての連衆が、無縁の場で、言語の多義性と不確かさと戯れること自体を連歌の興趣として享受した姿に通じるものである。うまく機能しないマナーや礼儀作法を媒介として「公共の場」を創生しようとする時、私たちは、このように自由で自律的な人間として、自分とは異なる他者と出会い、関わり合うことができる。

そして、もし、人が「公共の場」で、自由で自律的な人間として、マナーや礼儀作法に則った振る舞いをするならば、そのマナーや礼儀作法はもはや、人と人とが滞りなく交流するための、一定の形式を伴う言語や動作の決まりなどではない。それは、相手との出会いを享受し、相手と自分がいまここに存在するその意味の充溢のためにのみ供される「いき」なプレゼントとなるのである。

《注》

(注1)熊倉は、平安時代の文献にすでに、最近の人は食事の作法を知らない、と嘆く文章が見られることを紹介している(熊倉　一九九九a、三六七頁)。

(注2)これは日本に限らない。例えば、エリアスも同様のことを述べている。「人間が文明化の変動の過程において、自分自身の『動物的性格』と感じる一切のものをいかに排除しようとするか、…（中略）…食べ物についてもそれを人間は排除するのである」(エリアス　一九七七、二五九頁)。

(注3)折口によれば、古代の神道では、死は生き返るための手段であった。喪に籠るという行為も、死者が穢

れているからではなく、空っぽになった身体に魂が入るのを待つためにあったのだという。このことから、折口は、死を穢れているものとみなす捉え方は必ずしも日本古来のものではないのではないか、と考察している(折口　一九六七)。

(注4)日本以外でも同様である。エリアスも、作法が、ある階層の人々を他の階層の人々から区別する機能を果たしていたことを明らかにしている(エリアス　一九七七、二二九-二三二頁)。

(注5)カーニバル(謝肉祭)などの西洋の「祝祭」も、日本の遊びの場と類似した構造と意味をもつ。祝祭では、「通常はタブーと見なされているような行動が許容され、それどころか必要なものと見なされる」。こうして「通常の規則(タブー)が失効する」と、「社会秩序が転倒」し、「混乱と無秩序が侵入してくるが、まさにそれによって既存の秩序は新たに創造され、正当化されるのである」。この種の祝祭は、神による天地創造の「再想起」ないしは「反復」だとされる(ケッピング　二〇〇八、三七四頁・三七九頁)。

《参考・引用文献》(丸括弧内は初出発表年を示している)

・網野善彦、一九七八年『無縁・公界・楽　日本中世の自由と平和』平凡社
・網野善彦、二〇一二(二〇〇一)年『歴史を考えるヒント』新潮社
・井阪康二、一九八八年『人生儀礼の諸問題』御影史学研究会
・井上忠司、一九九九年「食事作法の文化心理」、石毛直道監修・井上忠司責任編集『講座　食の文化　第五巻　食の情報化』味の素食の文化センター、三一五-三三二頁
・井上忠司、二〇〇七(一九七七)年『「世間体」の構造　社会心理史への試み』講談社
・エリアス、N.、一九七七年(ドイツ語の原典は一九六九年)『文明化の過程(上)ヨーロッパ上流階層の風俗

の変遷』赤井慧爾・中村元保・吉田正勝訳、法政大学出版局
・尾形仂、一九九七(一九七三)年『座の文学　連衆心と俳諧の成立』講談社
・岡部美香・高橋舞・韓炫精、二〇一三年「『食』の技法とその継承に関する日韓比較研究(1)　葬儀における『食』の技法を手がかりに」、『教育実践研究紀要　第13号』京都教育大学附属教育実践センター機構教育支援センター、二九一-三〇〇頁
・折口信夫、一九六七年(「上代葬儀の精神」の初出は一九三四年)『折口信夫全集　第二十巻』中央公論社
・数江教一、一九七三年『わび　侘茶の系譜』塙書房
・加藤楸邨・大谷篤蔵・井本農一監修、一九九五年『俳文学大辞典』角川書店
・九鬼周造、一九三五年『偶然性の問題』岩波書店
・九鬼周造、一九七九年(「『いき』の構造」の初出は一九三〇年)『「いき」の構造他二篇』岩波書店
・熊倉功夫、一九九九年a、「日本の食事作法」、石毛直道監修・井上忠司責任編集『講座　食の文化　第五巻　食の情報化』味の素食の文化センター、三六六-三八三頁
・熊倉功夫、一九九九年b『文化としてのマナー』岩波書店
・ケッピング、K.＝P.、二〇〇八年「祝祭」、ヴルフ、Ch.編『歴史的人間学事典　第3巻』藤川信夫監訳、勉誠出版、三七三-三九九頁
・国立歴史民俗博物館編、二〇〇二年『葬儀と墓の現在　民俗の変容』吉川弘文館
・向坂寛、一九八二年『恥の構造』講談社
・新谷尚紀、一九九五年『死と人生の民俗学』駿台曜曜社
・新谷尚紀、一九九八年「死と葬送」、赤田光男・福田アジオ編『講座　日本の民俗学6　時間の民俗』雄山閣出版、二五七-二七〇頁

・新谷尚紀・関沢まゆみ編、二〇〇五年　『民俗小事典　死と葬送』吉川弘文館
・新谷尚紀、二〇〇九年　『お葬式　死と慰霊の日本史』吉川弘文館
・竹内晶子、一九九八年十二月　「能と連歌のテキスト空間　意味のずらし、比喩の再生」、『國文學43(14)』、學燈社、五七-六三頁
・柳田國男、一九六二年　『定本　柳田國男集　第七巻』筑摩書房(「笑の本願」の初出は「笑の文學の起原」が一九二八年、「笑の本願」が一九三五年、「笑の教育」(原題「俚諺と俗信との關係」)が一九三二年、「女の咲顔」が一九四三年)
・和辻哲郎、一九七九(一九三五)年　『風土　人間学的考察』岩波書店

第六章

中学校におけるマナー問題と「粋（いき）」

毛利　猛（香川大学）

❶ 中学校におけるマナー問題

思春期の子どもたちのマナーに反する行動、不作法の横行。どこの中学校においても悩ましい問題である。なぜ、マナーに反する行動をとってはならないのか。不作法はよくないのか。それを、理屈のうえで根拠づけることは、とくに中学生にたいしては難しいように思える。

では、学校生活におけるマナーに反する行動や不作法に対して、中学校の教師は、生徒たちの心に届く言葉をもたないのかといえば、そうではない。少し語り方を工夫すれば、彼らは、教師の呼びかけにとてもよく反応するのである。その工夫というのは、方法上の工夫とともに、何を語るのかという内容に関わるものであるが、とくに「粋(いき)」という「生き方の美学」への呼びかけは、この年齢の子どもたちの心によく届くと同時に、彼らの仲間関係の在り方(仲間づくりの作法)を、「粋(いき)な関係」というキーワードを手がかりに見直すこともできるのである。

本章では、筆者が香川大学教育学部附属高松中学校(以下、「附属中学校」あるいは「附中」と表記)の校長職にあった時代に行った五つの講話を使いながら、中学校生活におけるマナーをめぐる問題、「粋(いき)」という「生き方の美学」への呼びかけ、さらに、中学生の「仲間づくりの作法」について考察したい。ここで附属中学校は、多くの教育学部附属中学校がそうであるように、それぞれの地域における〈エリート〉機関として認知されていることを付記しておきたい。

まず一つ目の講話原稿を読んでいただきたい。二〇一一年五月二日の全校朝礼で行った講話である。

> 今日はマナーについて話したいと思います。私たちが生きていくことにおいて、マナーには、どのような意味があるのでしょうか。
> これについては、以前、三好先生が「マナーとルールは違う」という話をしてくださいました。し、香川県下の中学校で配布されている学活のノートにも、「学級生活のルールとマナー」につい

て書いてあります。

そこで、「マナーとは何か」ということを、マナーとルールの違い、そしてマナーとモラルの違いから説明したいと思います。ルールとマナーを対比し、モラルとマナーを対比することで、「マナーとは何か」ということを説明したいと思います(注1)。

ルールに違反する行動を取ったとき、私たちは罰せられます。それに対して、マナーに反する行動を取ったとしても、私たちは罰せられることはありません。マナーはルールと違って、強制されて従うものではなく、自発的に守るものなのです。

モラルに反しているとき、私たちは良心の痛みを感じます。それに対して、自分の行為がマナーに反していることを知ったとき、私たちが感じるのは良心の痛みというよりは、むしろ「恥ずかしさ」の感情です。私たちは、傍若無人の人と出会ったとき、マナーを守らず恥ずかしくないのだろうかと思います。

マナーは、「他者を気遣う」という気持ちが所作として現れたものです。他者への気遣いがどういう所作として現れるかは、時代や社会、文化によって違います。例えば、挨拶の仕方や、食事のマナーは、お国によって随分違いますね。ただし、いずれにしても、人と人が、お互いの気づかいに基づいて「気持ちよくかかわって社会生活を送る」ために、マナーがあるのです。

さて、附中の学校生活におけるマナーということを考えてみると、いくつかの問題点があります。

一つは、気持ちのよい挨拶ができているかという問題です。挨拶は、人と人が「気持ちよくかかわって社会生活を送る」ために必要な、もっとも基本的なマナーです。挨拶は、私たちが「共に生きること」と関わっています。しかも、挨拶は、自ら進んでするもの。つまり、「自ら立つこと」とも関わっている。

挨拶は、マナーとして自発的にするものです。これをルールとして「強要すること」はしたくもないし、されたくもない。自ら進んでする、気持ちのよい挨拶。それは、「自ら立ちつつ、共に生きることを学ぶ」附中生が、もっとも大事にしたいマナーの実践です。

学校生活におけるマナー問題として、もう一つ指摘したいのは、いうまでもなく、登下校のバス乗車です。これについては、今日は時間がないので、次の機会にお話しします。

なぜ、マナーを守らなければならないのか。マナーを守ることの根拠は、ルールやモラルと比べても、きわめて脆弱です。ルールに反したときのように、罰せられるわけでもないし、モラルに反したときのように、良心の痛みを感じるわけでもない。しかし、「自ら立ちつつ、共に生きることを学ぶ」附中生には、「他者への気遣い」の現れであるマナーを大切にして、強制されて守るのではなく、自発的に守るマナーを大切にして、学校や地域での社会生活を送ってほしいと思います。

附属中学校は教育目標として「自ら立ちつつ、共に生きることを学ぶ」「今日に生きつつ、明日を志すことを学ぶ」ということを掲げている。この教育目標については抽象的でわかりづらい標語であるという指摘もあるが、私はこの附中のスピリッツに則った生き方がどういうものなのかを、中学校生活のさまざまな出来事や折々の節目に即して語りかけることが大切だと考えている。この日の校長講話では、教育目標の前半部(自立と共生)にからめて、挨拶というマナーが、自ら進んで行うものであり、共に生きる他者への気遣いの現れであることを説いた。

しかし、この日の講話は、残念ながら、ほとんど生徒の心には届かなった。壇上から、何人もの生徒の「浮かない顔」が見えたのである。校長がマナーの話をしている。その話を聞いている生徒のマナーがよろしくない。そういう「だらける話」をしている自分が情なくなった。この日は、附中の学校生活におけるマナー問題として、「挨拶ができているか」という問題と、「登下校のバス乗車」に関する問題を話すつもりだったが、前半の挨拶の話をしたところで、急遽止めることにした。

なぜ、生徒はいつにもなくだらけていたのか。一つは、ゴールデンウイークの合間で、公立中学校は休みであるにもかかわらず、附属中学校だけが登校日だったことがあったかもしれない。話の内容についても、いわゆる「つかみ」に工夫がなく、マナーとルール、モラルの違いという抽象度の高い話をしたこと。その後の「挨拶ができているか」の話題にしても、本校の教育目標とからめたとはいえ、一般的な話にとどまり、結果として、説教臭い話になってしまった。

次に、二つ目の講話原稿を読んでいただきたい。最初の講話の二週間後、五月一八日の全校朝礼で行った講話である。


さて、今日は、(五月二日にした)マナーの話の続きをします。

マナーは、「他者を気遣う」という気持ちが所作として現れたものでした。人と人が、(お互いの気遣いに基づいて)「気持ちよくかかわって社会生活を送る」ために、マナーがあるのでした。

さて、附中の学校生活におけるマナー問題として、五月二日は、気持ちのよい挨拶ができているかという問題を取り上げました。今日は、学校生活におけるもう一つのマナー問題として、登下校のバス乗車の問題を取り上げたいと思います。

生徒総会では、必ず、この問題が出てきます。交通委員会との激しいやり取りがあります。
・乗車後は、入口付近に立ち止まらず、車中、中ほどに詰めて乗車する。
・車内では、大声で話さない。
こうしたことは、スクールバスに限らず、すべての公共交通機関で守るべき基本的なマナーです。

それでは、学校に持ってきてはならないものを、鞄の中から出して使用するのは、どうでしょうか。マナー違反でしょうか。音が漏れていなければ、マナー違反にならないのでしょうか。制服を着て乗る登下校のバスでなければ、マナー違反にすらならない行為かもしれない。しかし、スクールバスの中では、マナー違反であるより前に、ルール違反です。附中生だけではなく、全国どこの中学生にとってもそうです。

ただ、見つからないから罰せられない。「罰せられないけれども、守らなければならない」という点では、モラルやマナーと似ています。ルール違反でありながら、罰（ペナルティー）がない。ここに、交通委員会の苦悩があります。「先生に違反者の名前を伝えて、叱ってもらおう」という話も出てきます。

実は、サンクション（叱られたり、罰せられたりすること）のないルールを守るという問題は、モラルやマナーの問題とも重なってきます。

「自立と共生」を掲げる私たちは、外的な規制（外からの強制）より以上に、道徳（モラル）による内的な規制を大切だと考えています。この価値観にしたがえば、「見つからない（罰せられない）なら、守らない」というのは、明らかに道徳的な非難に値します。この問題は、モラルの問題に重なっています。

いや、一定の価値観に基づく道徳的な非難というほどのものではなく、同じ制服を着ている者として、その行為は恥ずかしいという受け止め方もあります。この問題は、マナーの問題とも接しています。

さて、あれは忘れもしない、二年前の生徒総会の時のことです。

当時の一年生(今の三年生)が、交通委員会・委員長に、こう質問しました。「バスのマナーを守ることにどういうメリットがあるのですか」。それに対して、委員長(当時の三年生、女子)は、「どういうメリット……」と言って、一瞬、答えに窮します。顔には困惑の表情が浮かんでいました。しかし、次の瞬間、彼女は、きっぱりとこう答えました。「附中生だから、守るのです」。

この生徒総会の次の日の夜、「梅友会・総会」という附属高松中学校の卒業生たちの集まりがありました。私もそれに招かれていました。私は「あいさつ」のなかで、附中のOB・OGたちを前に、前日の生徒総会の話をしました。

一年生が手を挙げて、「バスのマナーを守ることにどういうメリットがあるのですか」と堂々と質問した。そう言うと、OB・OGたちの顔は、少し曇りました。次に、三年生の交通委員会・委員長がこれに、「附中生だから、守るのです」ときっぱり答えた、と紹介したところ、附中卒業生たちの曇った顔が、一瞬にして晴れ、次の瞬間、会場に拍手がわき起こりました。

交通委員会委員長の答えは、一年生の質問に、論理的には、正しく答えていない。あきらかに論点がずれている。しかし、彼女が言った「附中生だから、守るのです」という答えは、附属高松中学校を何十年も前を卒業し、母校に誇りをもち、母校を愛してやまない先輩方が、一番言ってほしかった「答え」だったのです。

マナーは、「他者への気遣い」の気持ちが所作として現れたもの。……ただし、この気遣いは、同じバスに乗り合わせた仲間への気遣いであると同時に、もう何十年も前に附属高松中学校卒業した先輩方への気遣いでもあります。いや、さらに言えば、何十年もあとに附中に入る後輩たちへの気遣いでもあります。

なぜ、マナーを守らなければならないのか。マナーを守ることの根拠は、きわめて脆弱です。ルールに反したときのように、罰せられるわけでもないし、モラルに反したときのように、良心の痛みを感じるわけでもない。ましてや、損得でもない。

しかしそれでも、「自ら立ちつつ、共に生きること」を学ぶ附中生には、「他者への気遣い」の現れであるマナー、目の前にいる人だけでなく、「もう見ぬ人」と「まだ見ぬ人」への気遣いの現れであるマナーを大切にしてほしいと思います。

壇上から見ていて、二週間前の生徒の表情とはまったく違っていた。この日の生徒は、私の話をよく聞いていた。話題は、前回話すつもりでいた「登下校のバス乗車」をめぐるマナー問題である。登下校のスクールバスには、教員が乗りこんでいない。運転手を除けば、生徒だけがぎゅうぎゅうに詰め込まれた空間。そこでの一部の、いや多くの生徒のマナーの悪さが大きな問題になっていた。この問題について生徒自身に考えてもらうために、「ルール」「マナー」「モラル」の違いとともに、それぞれの領分が微妙に重なることについて話した。

中学校生活におけるマナーに反する行動への対処として、しばしば、①「マナーのルール化」(マナーに反する行動を「ルール違反」にすることで、叱ったり罰したりという、外からのサンクションを与えることができる。)②「マナーのモラル化」(マナーに反する行為に対して、それをモラルに背く行為として「罪障感」「良心の痛み」をもたせる。)というまったく

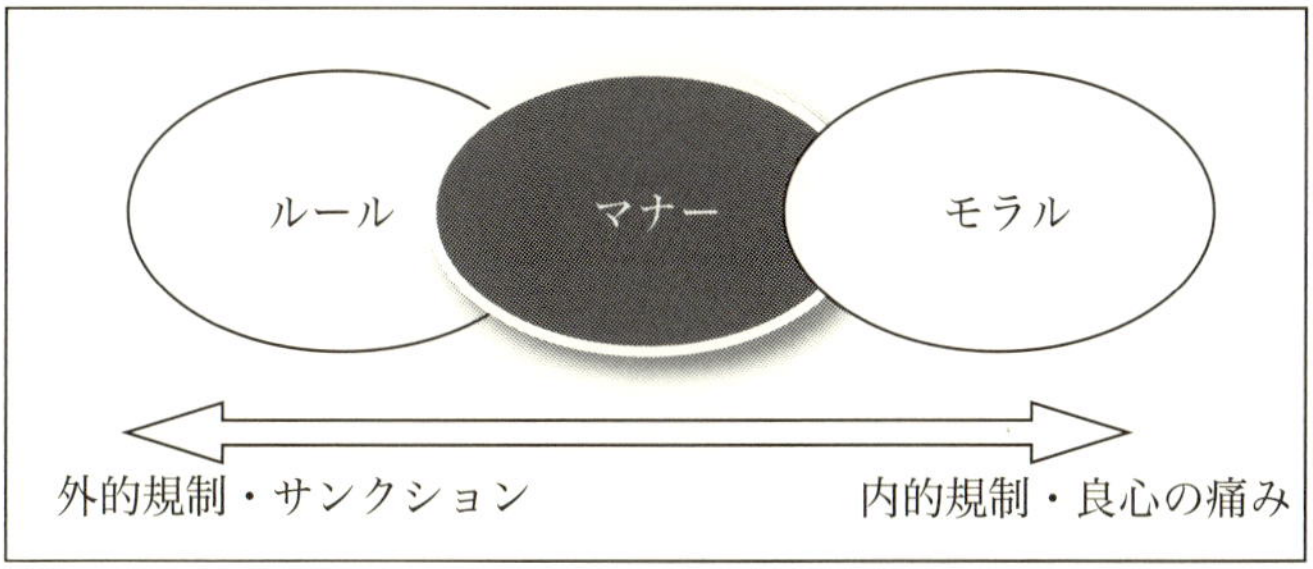

図 6-1　ルール、マナー、モラルの位相

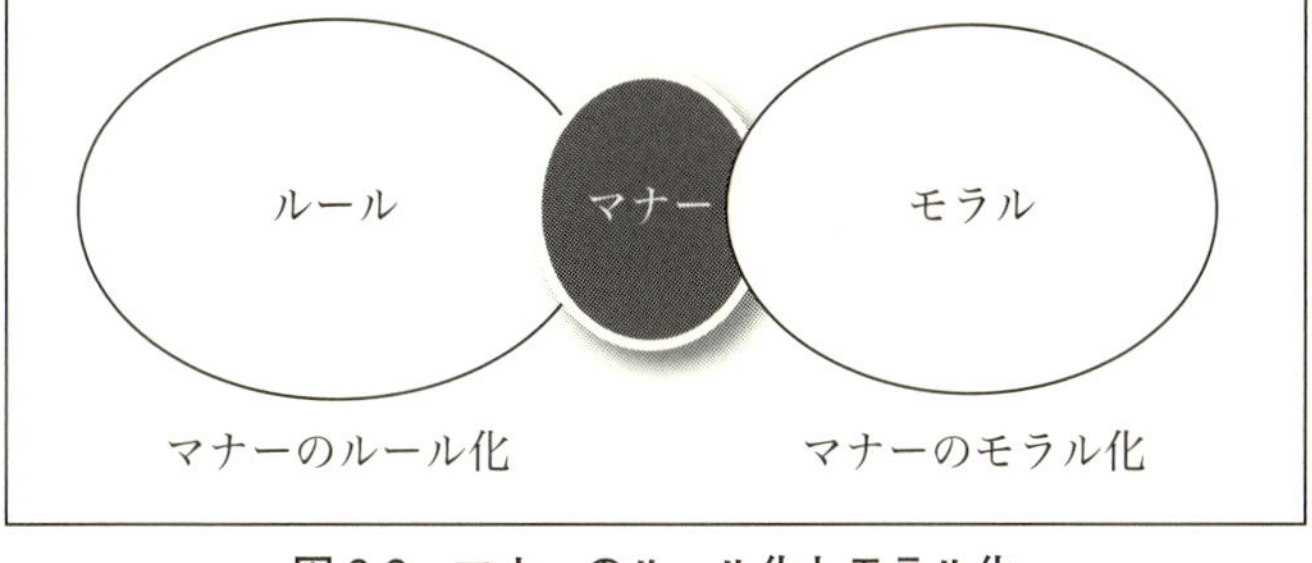

図 6-2　マナーのルール化とモラル化

向きの違う、二つの取り組みがなされている。この二方向の取り組みは、それぞれの「教育する環境」の条件に応じて必要な対処である。例えば、いわゆる「荒れた学校」において「マナーのルール化」はきわめて現実的な対処であるように思うし、どこの学校でも、マナー教育を道徳教育の一環として推進している。私が講話のなかで、附属中学校という共同体の歴史に連なることから、マナーを守ることの大切さを説いたのは、「マナーのモラル化」の一つの試みである。

ただし、ここで問題になるのは、「マナーのルール化」「マナーのモラル化」は、それぞれの置かれた「教育する環境」のなかでの現実的な対処ではあるものの、それによって、ルール、モラルに対するマナーの領分をますます狭くしてしまうことである(図6－1、図6－2参照のこと)。

中学校生活において、あいまいなマナーの領分を、ルール化やモラル化によって狭めることなく、どのように確保できるのか。マナーという「中間の領分」を支える根拠は、きわめて脆弱だった。では、ルールとモラルの間に挟まれて、この領分はますます狭くなるだけなのか。この「中間の領分」に向けて発せられた言葉は、中学生の心には届かないのか。いやそんなことはない。実は、「粋(いき)」という「生き方の美学」に対して、彼らはきわめてよく反応する。

❷「粋(いき)」という「生き方の美学」への呼びかけ

三つ目の講話原稿を読んでいただきたい。さらに一週間後、五月二五日の全校朝礼で行った講話である。

今日は「江戸しぐさ」について話します(注2)。

江戸しぐさは、江戸の町衆(いわゆる「江戸っ子」)たちが、都市生活の中で他者を気遣い、気持ちよく関わって社会生活を送るために生み出したマナーです。

当時の江戸は、人口一〇〇万を越える世界最大級の都市でした。人口密度は今の東京二三区より高かったと言われています。武士は広い武家屋敷に住んでいましたが、町衆たちは狭い敷地で肩を寄せ合って生活していました。しかも、全国各地から、さまざまな習慣をもつ人々が集まってできた巨大都市。まさに江戸は「異文化のるつぼ」でした。

そんななかで、江戸っ子たちが、他者への気遣いに基づいて、気持ちよく関わって生活するために創りだした所作、マナー。それが「江戸しぐさ」です。これがとってもカッコいい。クールです。まさに、「クール・江戸っ子」。

1　例えば、「傘かしげ」。雨の日に、傘をさして、狭い路地をすれ違います。そのとき、お互いの傘をちょっとだけ外側に傾けてすれ違うのが「傘かしげ」。

2　例えば、「肩引き」。狭い道で人とすれ違うとき、向こうから人が来る。こんなふうに右肩を後ろに引いてすれ違います。これが「肩引き」。これだと、狭いところでも、立ち止まったり、ぶつかったりしませんね。

3　例えば、「こぶし腰浮かせ」。乗合船（当時の公共交通機関は、乗合バスではなく乗合船でした）にあとから乗る人のために、こぶし一つ分腰を浮かせて、少しずつ詰めてあげる。そして、あとから乗った人の席を作ります。

こうした「往来のしぐさ」や「公共の乗り物の中のしぐさ」を、江戸っ子は皆さりげなくできました。ちょっとだけ傘をかしげる。ちょっとだけ右肩をひく。ちょっとずつ詰めて一人分の席を作る。こうした「ちょっとしたこと」を、皆がさりげなくできる。とってもクール（カッコいい）ですね。

ところで、私がとても気に入っている「江戸しぐさ」があります。それは、「会釈のまなざし」という挨拶の仕方です。

道の真ん中で立ち止まって、おじぎの挨拶をすると往来の妨げとなる。かといって、知らんプリして通り過ぎるのもおかしい。あるいは、見知らぬもの同士だけども、知らんプリして通り過ぎるのはおかしい、という場合があります。こういうとき、江戸っ子はお互いに「にっこり笑顔の目つきの挨拶」を交わしました。江戸っ子は「無愛想」「無表情」を嫌ったんですね。「にっこり笑顔の目つき」を「会釈のまなざし」といいました。これは、とても「高度な挨拶の仕方」です。土下座する挨拶、お辞儀する挨拶、大きな声でする挨拶、小さな声でする挨拶、そして「会釈のまなざし」。これらを江戸っ子は、相手によって、状況に応じて使い分けていました。

私たちもこれを「今様(いまよう)」でやってみたいですね。「江戸しぐさ」の「会釈のまなざし」(にっこり笑顔の目つきの挨拶)を含む「高度な挨拶の仕方」を、「附中、リメイク版」で実践してみたいですね。「江戸しぐさ」ならぬ「附中しぐさ」としてやってみたいですね。

大きな声であいさつするのが自然なとき、小さな声であいさつした方が自然なとき、「会釈のまなざし」が一番自然なとき。仲間との間で、先生との間で、来校された方との間で、相手によって、状況に応じて自然な挨拶を使い分けることができたら、クール(カッコいい)ですね。

江戸っ子は、私たちが今、「クール」とか「カッコいい」とか言っている「生き方の美学」を、「粋(いき)」と呼んでいました。その反対は、「野暮」です。ただし、「野暮」な人を見下したり、排除したりはしません。人を「野暮呼ばわりすること」が、もっとも「野暮なこと」だからです。

「附中しぐさ」で「会釈のまなざし」が交わせる「粋(いき)な附中生」、「クール・附中」を目指したいと思います。

考えてみれば、ルールとモラルに挟まれて、一見、狭くなっているように見えた「中間の領域」は、広大な裾野をもつ「美意識の領域」である（図6－3参照）。思春期の子どもこそ、この領域に向けた呼びかけに（呼びかけ方を少し工夫するだけで）、実によく反応する。有能な中学校教員はこの領域に声を届けることが、いかに重要かをよく知っている。

二年団学年主任の吉田崇先生（国語科）は、学年団だより「きらめき」を毎日発行している。生徒の登校した日は、これを帰りの会で必ず渡している。私が、全校朝礼で「江戸しぐさ」について話した日の紙面では、「江戸しぐさ」をイラストで図解してくださった。特に頼んだわけでもないのに、早速、その日の紙面で取りあげてくれたのが有り難かった。注目すべきは、私の話に呼応して、吉田先生が「**粋**（**い**き）に**生**（**い**）きよう」と中学生に呼びかけている点である。

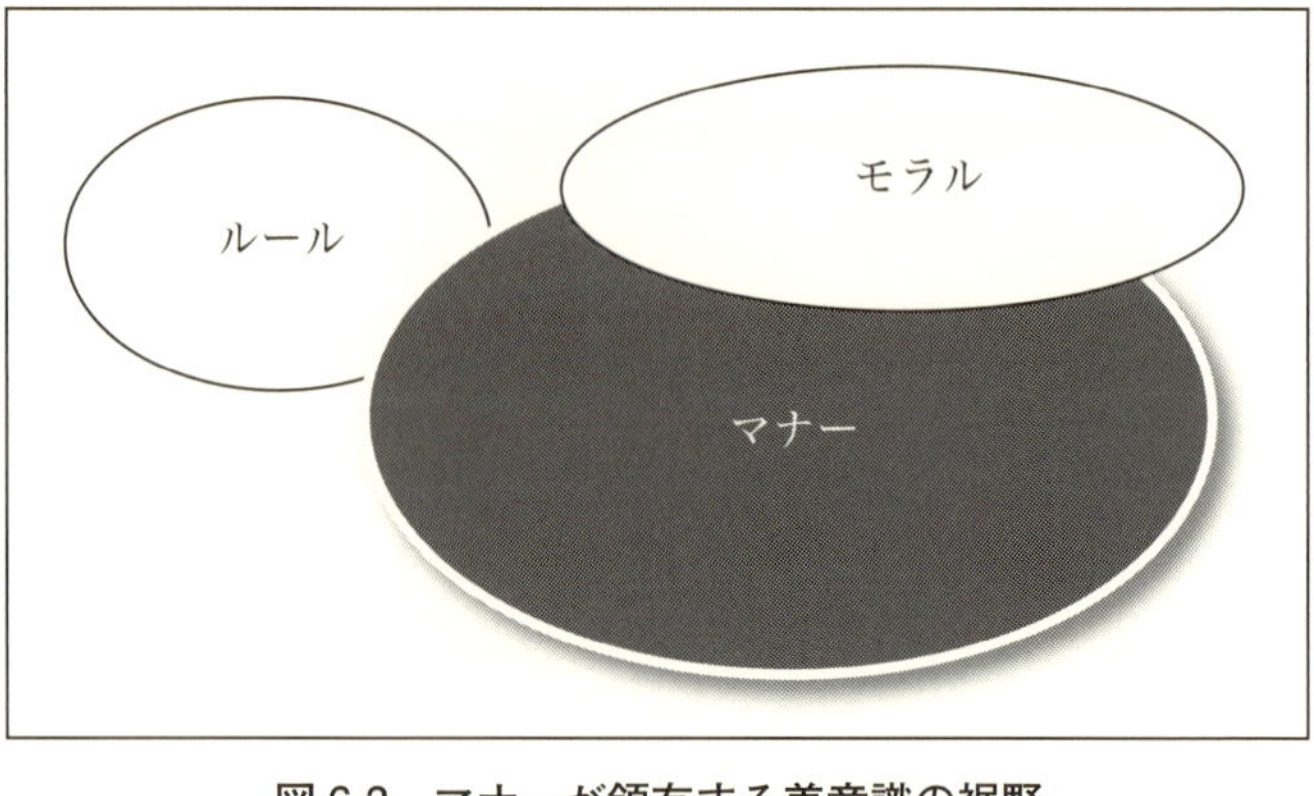

図6-3　マナーが領有する美意識の裾野

数週間後、週番にあたっていた金丸高士先生(美術科)が、「ルールを破って、マナーを守ったロックンローラーの話」を全校生徒にしてくださった。金丸先生は、ご自身が中学生のとき、ロックバンドの先輩にあこがれていた。ロックンローラーを気取った先輩はよく校則(ルール)を破ったが、マナーは守ったという。マナー違反には、校則違反のようなサンクション(叱責や懲罰)がない。校則(ルール)を破ることで反骨精神を示しながら、あえてマナーを守ることで「生き方の美学」を貫こうとした先輩は、「粋(いき)」でカッコよかったという話である。

外的規制(叱りや罰といったサンクション)でも、内的規制(罪障感、良心の痛み)でもない、もう一つの美的な規制原理としての「粋(いき)」。中学校生活における規制原理として、これが思春期という難しい年齢の子どもにも自然に受け入れられるものであることを、有能な中学校教員はよく知っているのである。

❸ 中学生の「仲間づくりの作法」としての「粋(いき)」

さて、「生き方の美学」としての「粋(いき)」は、古いようで新しい。これは「今どきの中学生」にも、中学校生活における規制原理として十分通用するものであることを見てきた。

いや、もっと言えば、「今どきの中学生」だからこそ、「粋(いき)」という「生き方の美学」への呼びかけによく反応する。そして、この反応のよさに、もう一つの大きな可能性がある。彼らの仲間関係の在り方(仲間づくりの作法)を、「粋(いき)な関係」というキーワードを手がかりに見直すことができるのである。

「今どきの中学生」の仲間関係の在り方は、どのように特徴づけられるか。一言で言えば、「固定性」「閉鎖性」をますます強めつつあると言ってよい。自分と仲間を、一面的なイメージのなかに押し込むことで安定した関係を築こうとする「キャラ」化。そして、クラス内でいつも同じグループの仲間とのみ付き合うという「島宇宙」化。こうした傾向を強めつつあるからこそ、「今どきの中学生」が、仲間との関係の在り方、仲間との距離のとり方を、「粋(いき)な関係」という言葉を手がかりに学ぶことに、とりわけ大きな可能性があると思う(注3)。

次の校長講話は、「キャラ化し、キャラ化される人間関係」の問題点について、中学生に語りかけたものである。

> 先月下旬のある日(一一月一九日)の朝日新聞生活面に「キャラって疲れる…」という記事が載り、興味深く読みました(注4)。
> 「キャラ」とは、言うまでもなくキャラクター(character)の略語です。英語のcharacterを英和

辞典で引くと、一番目に、性格、性質という意味が載っており、二番目に、人格という意味が載っています。もちろん、皆さんがよく知っている、漫画やアニメの登場人物や役という意味も、あとのほうに載っています。

このキャラという言葉を、最近の子どもや若者たちが、身近な人の性格を一言で言い表すのによく使います。「あの子は天然キャラ」「いじられキャラ」というように。こういう「キャラ」という言葉の使い方を、子どもや若者の口からよく聞くようになったのは、この五、六年ぐらいのことかなと思います。

子どもや若者たちが「キャラ」という言葉を使い、お互いをキャラ化し、キャラ化されることが、子どもや若者たちの人間関係の築き方に、微妙な影を落としているのではないか、と私は考えています。

新聞には、「キャラ」という言葉を使い、お互いをキャラ化し、キャラ化される子どもや若者たちは、テレビのバラエティー番組をよく見ているという指摘があります。そうかもしれません。たしかに、バラエティー番組の中では、出演者たちがお互いのキャラを際立たせ、それぞれのキャラを演じることで、面白いやりとりをしています。このバラエティー番組の中でのやりとりが、教室での人間関係の築き方やコミュニケーションの、一つのモデルとなっている、ということが言えるかもしれません。現代っ子たちは、バラエティー番組を観ることで、お笑い芸人をモデルに、人間関係の築き方やコミュニケーションの仕方を、ビデオ学習しているのです。

さて、私には、お互いをキャラ化し、キャラ化されるような人間関係の築き方には、いくつかの問題点があるように思います。

まず、第一に、キャラは人間の一つの側面、一面的なイメージを際立たせるものです。人間には、多様な側面がある。にもかかわらず、キャラは、人間を一つのイメージの中に押し込めてしまう。例えば、漫画やアニメの登場人物は、読者に特定のイメージを喚起させるキャラクターとして作られています。登場人物がそれぞれのキャラを際立たせることで、安定した作中人物の世界ができているのです。バラエティー番組の出演者も、それぞれが自分に割り当てられた営業用のキャラ、一面的に誇張されたキャラを演じ合うことで、ある種、予定調和的に番組を盛り上げているのです。

しかし、私たちが教室の中で仲間と人間関係を築こうとするとき、キャラという一つのイメージの中に相手を押し込めることには、相当な無理があります。そのような人間関係はいくら安定していようとも、いくら予定調和的であろうとも、やはり表面的、一面的であると言わなければなりません。

第二に、どのようなキャラであれ、キャラ化されてしまうと、その一面的なイメージに沿って振る舞うことを、つねに周囲から期待されます。この期待に応え続けることは、大変疲れる、あるいは場合によっては、大変苦しい。新聞記事のタイトルにあるように「キャラって疲れる」、あるいは「キャラって苦しい」のです。

第三の問題点は、特定のキャラに関連しています。その特定のキャラというのは、「いじられキャラ」です。お互いに親しみを感じている者同士の間で、このようなキャラ化が行われることはある。たしかに、「いじる・いじられる」と「いじめる・いじめられる」は違う。この区別をなくして、人間関係を委縮させる必要はない。しかし、実のところ、両者の区別は、微妙です。エスカレーションによって、一方から他方へ移行することがある。

「いじる・いじられる」関係は、お互いの相手への親しみを前提にした関係です。この前提が崩れていないか。なおかつエスカレーションを起こしていないか。相手への共感性と、自分がしていることを相手の立場から経験する想像力、まさに「思いやる力」が問われています。

以上、キャラ化し、キャラ化される人間関係の危うさについて、述べてきました。人間には、さまざまな側面があります。キャラという色眼鏡をはずして、他者の新しい側面を発見し、新しい他者のイメージと出会うならば、それに応じて、私たちは、自分の新しい側面を発見し、新しい自分のイメージと出会うことができます。キャラという一面的なイメージの中に、仲間や自分を押し込める必要はない。「キャラを超えた」人間関係を構築してほしいと思います。

キャラは人間の一つの側面、一面的なイメージを際立たせたものである。人間には、多様な側面がある。場合によっては、矛盾する側面さえある。しかし、こうした多様で矛盾する側面を併せもった人間と向き合うことは、中学生にとって、とても危なっかしいことなのかもしれない。彼らは、一方では、お互いにキャラ化し、キャラ化されることを望んでいる。「ノリ」のいい関係を安心して築けるからである。しかし、他方では、そのような一面的なイメージに沿って振る舞い続けることに、疲れたり、苦しんだりしている。

キャラという一面的なイメージの中に、仲間や自分を押し込めようとする中学生たちは、同時に、いつも同じグループの仲間とのみ付き合おうとする、いわゆる「島宇宙」化の傾向を強めつつある。

次に掲げた校長講話は、そのような「島宇宙」化する仲間関係の問題点について、中学生に語りかけたものである。

先週土曜日の文化祭、お疲れさまでした。

「ことのは」の統一テーマのもと、多様性の中での一体感を味わうことのできた、素晴らしい文化祭であったと思います。

さて、今日は、女子のインフォーマルグループについて話します。インフォーマルグループというのは、いわゆる「仲良しグループ」のことです。「うまが合う」とか「うまが合わない」といった相性、人間関係の好き嫌いで結ばれたグループです。

男子も「仲良しグループ」を作りますが、女子のそれと比べて流動的で、グループ間の境界も曖昧です。男子には、一匹狼や八方美人もいるし、何かをするのにメンツが足りないなら、それほど仲良くなくても誘い合います。

これに対して、女子の仲良し関係は、固定的、閉鎖的になりがちです。ある仲良しグループと他の仲良しグループとの境界がはっきりしています。そのことを、ソシオグラムという心理テストで客観的に確認することもできます。

さて、インフォーマルグループと言うからには、フォーマルグループもあります。フォーマルグループというのは、もともと何かの作業・活動のために人為的に作られた集団です。例えば、文化祭実行委員会とか、各種専門委員会とか、一年三組とか。あるいは一年三組のなかの○○班とか、あるいはソフトテニス部などが、フォーマルグループです。別に好きであろうが、嫌いであろうが、同じ目的の活動に従事するために、たまたま作られた集団です。もちろん、このようにもとは人為的に作られた集団であっても、同じ目的の活動に一緒に取り組むことで、やがてお互いに理解し合い、メンバーの間に絆が結ばれます。

ところで、ちょうど食べ物の好き嫌いがあるように、人間関係の好き嫌いがあることを私たちは認めないわけにはいきません。しかし、食べ物の好き嫌いの度が過ぎると、栄養バランスが崩れるという健康上の問題が生じます。だから、好き嫌いを認めつつも、なるべく偏食しないでほしいという願いをもっています。しかも私たちは、多くの好き嫌いが、一部のアレルギーの問題を除けば、「思い込み」「決めつけ」に根差していることを知っています。

現在、さまざまな分野で活躍されている大人の女性が、小学校高学年から中学校にかけての「仲良しグループ体験」を振り返って、次のように語っています。


「仲良しグループの仲間からどう思われるか、気にしすぎていた。」

「実は、私は群れるのが好きでなかった。」

「グループの中で最も影響力のある女王の顔色ばかりうかがって、自分は何がしたいのか分からなくなっていた。」

「あれは、〈女の道場〉だった。私たちの社交性は、あの道場で鍛えられた。でも、私はもう、あそこを卒業した。いい大人になっても卒業できない人は、世間が狭い。」

「いつまでも群れている人、小さなグループに固まる人は、世界が狭いと思う。」

こういう話を聞くと、なるほどなと思います。さまざまな分野で活躍している女性の話だけに、説得力があります。どうやら仲良しグループは、卒業すべきもの、その重みが軽くなっていくものであるようです。こういう見通しを持つことは大切です。

私は、仲良しグループを作るなというつもりはありません。「仲良し」がいるから、グループのなかに居場所があるから、学校生活が楽しいのでしょう。ただ、その関係が固定的、閉鎖的なものになると、そして、いつも同じ仲間と「群れて」ばかりだと、「発展性」がありません。「群れる」のでもなく、孤立するのでもなく、「粋(いき)な関係」を築きたいですね。バラエティーに富んだ人間関係を築きたいですね。

今日話したことは、女子だけでなく、薄められた程度において、男子にも当てはまります。

学校に行くと仲良しの友だちがいる。仲良しの友だち同士がグループを形成し、その中にちゃんと自分の居場所がある。だから、学校生活が楽しい。しかし、それは裏を返せば、「今どきの中学生」たちが、狭いグループの中に自分の居場所を確保するために汲々としている、ということでもある。

固定的で、閉鎖的なグループを「島宇宙」と呼ぶのは、とても巧みな言い方だと思う。狭い島がそのまま宇宙なのである。島から「はじかれる」ことは、学級内のどこにも居場所がなくなることを意味している。どうやら、いつも同じ仲間と「群れて」いても、絶対に安泰とはいえないようである。「今ど

き の中学生」たちは、狭い島の中にいて、しかも、お互いにかなり気を使った生活をしている。

こうしたグループ形成は、どの学級においても、ある程度は避けられないことであるといえるが、それがどれだけ固定性、閉鎖性を強めるかは、まさに学級担任の「学級づくり」の力量にかかっている。学級という場所が、子どもたちにとって、「そこにいて、安心できる場所」であると同時に「そこにいて、成長できる場所」になるように、学級における人間関係とその人間関係が醸し出す雰囲気(学級風土)を組織するのが、「学級づくり」の仕事である。どの学級にも存在する仲良しグループが、どれだけ固定的、閉鎖的なものになるかは、担任の「学級づくり」がうまくいっているかどうか、教育集団としての学級が健康であるかどうかの一つの重要なバロメーターである。言い換えれば、担任の「学級づくり」がうまくいかず、学級集団が病んだとき、それに対する子どもたちの防衛的反応として、固定的で、閉鎖的なグループ形成が行われるといえよう。

実は、こうした子どもたちのグループの間、およびグループ内には、微妙な「地位」ないし「身分」の高低が存在している。いわゆる「スクールカースト」の存在である。ただし、学級担任の「学級づくり」がうまくいっていると、こうした地位・身分の高低は、学級内でそれほど明確にならない。むしろ、学級の中で正しい秩序が失われるにしたがって、スクールカーストといういやらしい秩序が、学級生活における切実な問題として浮上してくるのである。正義の通らないアナーキーな学級で、崩壊した学級で、こうした地位・身分の高低がもっとも明確になる。

校長講話では、この問題にはまったく触れていない。壇上から語りかけるには、デリケートすぎる問題だからである。この日は最後に、「粋（いき）な関係」を築きたいですね、バラエティーに富んだ人間関係を築きたいですね、と呼びかけた。

「粋（いき）な関係」の反対は、一つではなく、二つある。一つは「野暮な関係」。もう一つは「水くさい関係」である。

「粋（いき）な関係」を、仲間との距離のとり方に絡めていえば、ただ近いのでも、ただ遠いのでもない、「遠いけれども近い」、「近いけれども遠い」、そういう適正な距離のとり方になる。ただ近いだけの関係は、「野暮な関係」である。ただ遠いだけの関係は、「水くさい関係」である。

狭い島で「群れる」のは、「野暮」である。いつも同じ仲間と「つるむ」のは、「野暮」である。それに対して、同じ学級の仲間であるはずなのに、島（グループ）が違うから無関心、没交渉というのは「水くさい」。島の外において「水くさい関係」を築くことで、島の内の仲間関係が「野暮」になっているように思う。

「粋（いき）な関係」を、仲間との関係の在り方に絡めていうと、「島宇宙」化し、「キャラ」化する人間関係は、ある意味では、「水くさい関係」であり、別の意味では、「野暮な関係」である。狭い島宇宙の中で、お互いに、妙に気を遣いあって「水くさい」。信頼する仲間なら、ぶつかってもいいじゃないか。キャラを演じることなく自分をさらけ出せばいいじゃないか、と思う。それでいて、キャラを演じ続けることに疲れたり、悩んだりするのは、「野暮な関係」だなと思う。ましてや、グループ間およびグループ内におけるスクールカーストなんて、最も「野暮な関係」だと思う。

このように仲間との距離のとり方、仲間との関係の在り方を、「粋(いき)な関係」という言葉を手がかりに見直すことができる。教室の中に、「野暮な関係」でもなく、「水くさい関係」でもなく、バラエティーに富んだ多くの仲間と「粋(いき)な関係」を築きたいものである。

《注》

(注1)マナーとルールの違い、マナーとモラルの違いについて中学生に説明するにあたって、矢野智司の「マナーと礼儀作法の人間学」(『児童心理』二〇〇一年九月号所収)を参照にした。

(注2)「江戸しぐさ」を学校教育に取り入れた実践については、越智康詞が信州大学附属長野中学校での特別活動における取り組み(授業者、藤井篤徳)を紹介したもの(日本教育学会第六九回大会、二〇一〇年八月二一日、発表資料「マナーの教育学研究」)を参考にした。

(注3)「キャラ」化の傾向については、土井隆義『キャラ化する/される子どもたち—排除型社会における新たな人間像』、岩波ブックレット、二〇〇九年に詳しい。「島宇宙」化の傾向については、宮台真司『制服少女たちの選択』講談社、一九九四年、土井隆義『「個性」を煽られる子どもたち—親密圏の変容を考える』岩波ブックレット、二〇〇四年を参考にした。

(注4)朝日新聞二〇一〇年一一月一九日、朝刊。

あとがき

「最近の若者は、マナーも礼儀作法もなっていない!」といったことが、言いたいのではない。このような言葉は大昔から繰り返し語られてきたことだ。もしこの言葉が本当なら、人間社会はとっくの昔に崩壊してしまい、動物状態に戻っているはずだ。しかし、この言葉が繰り返されてきたことには、それなりに理由のあることだ。そして今、この言葉を真剣に受け止めれば、この凡庸な文句のなかに、私たちが今日直面している根本的な教育学的課題が見いだされる。マナーも礼儀作法もその奥行きは予想外に深いのだ。そのマナーと礼儀作法についての人間学的考察を深めたところから見いだされる、教育学の根本課題とはいったい何か、それが本書のテーマである。

私たちが、マナーと作法の共同研究を始めてからすでに一〇年以上の月日が経過している。初めてこのテーマで学会発表したのは、早稲田大学で開催された第六二回日本教育学会大会(二〇〇三年)である。その後、加野芳正が中心となって、教育社会学、教育人間学、臨床教育学、教育史、スポーツ社会学など多様な分野の研究者に声をかけ、合計一一名からなる研究チームを編成した。日本教育学会が募集していた課題研究に、「マナーに関する教育学的研究」が採択され、この支援によって研究会と学会発表が可能になった。この間の研究会の経過については、『マナーと作法の社会学』の「あとがき」で詳しく述べられているので、そちらを参照していただければと思う。

私たちのマナーと礼儀作法の研究は、研究方法で言えば理論的研究と実証的な調査研究、研究領域で言えば教育人間学・教育哲学と教育社会学と大別することができる。当初、私たちは研究の成果を複数の研究領域をまたいだ一冊の本として出版することを考えていたが、それぞれの領域での見通しのよさを考え、教育人間学・教育哲学系の論文と教育社会学系の論文とに分けて、別々の本として出版することにした。本書は教育人間学・教育哲学の立場から執筆された論文集である。本書と同時に、社会学的論考や実証的調査の成果を集めた加野芳正編『マナーと作法の社会学』(東信堂)が刊行されているので、合わせて読めばマナーと作法についてより包括的な理解ができるだろう。

本研究は、科学研究費補助金(基盤研究B「マナーと人間形成に関する理論的、実証的研究」研究代表者加野芳正、平成二〇年〜二二年」、基盤研究B「マナーと人間形成に関する総合的研究」研究代表者加野芳正、平成二三年〜二五年)の交付を受けた。また、日本教育学会からは課題研究(平成十五年)として採択され研究助成をいただいた。これらの研究助成がなかったら、本研究はこの世に誕生しはしなかっただろう。東信堂の下田勝司社長には、出版事情が厳しいなか、本書の出版を快諾していただいたことに、心より御礼を申し上げたい。

平成二六年八月

矢野　智司

執筆者一覧

矢野　智司（やの　さとじ）編者
1954年生まれ。教育人間学。京都大学大学院教育学研究科教授。著書『自己変容という物語—生成・贈与・教育』（金子書房）、『動物絵本をめぐる冒険—動物–人間学のレッスン』（勁草書房）、『贈与と交換の教育学—漱石、賢治と純粋贈与のレッスン』（東京大学出版会）、『幼児理解の現象学』（萌文書林）

櫻井　佳樹（さくらい　よしき）
1959年生まれ。教育哲学・教育思想史。香川大学教育学部教授。著書『教育的思考の作法』（小笠原道雄ほか編、福村出版）、『物語の臨界』（矢野智司・鳶野克己編、世織書房）、『道徳教育の可能性』（小笠原道雄ほか編、福村出版）

鳶野　克己（とびの　かつみ）
1955年生まれ。教育人間学・人間形成論。立命館大学文学部教授。著書『教育人間学—臨床と超越』（共著、東京大学出版会）、『ランゲフェルト教育学との対話—「子どもの人間学」への応答』（共著、玉川大学出版部）、『物語の臨界—「物語ること」の教育学』（矢野智司との共編著、世織書房）

岡部　美香（おかべ　みか）
1970年生まれ。教育人間学・教育思想史。大阪大学大学院人間科学研究科准教授。著書『子どもと教育の未来を考える』（編著、北樹出版）、『道徳教育を考える―多様な声に応答するために』（共編著、法律文化社）、『教育人間学―臨床と超越』（共著、東京大学出版会）

毛利　猛（もうり　たけし）
1958年生まれ。臨床教育学。香川大学教育学部教授。著書『臨床教育学への視座』（ナカニシヤ出版）、『小学校における「縦割り班」活動』（編著、ナカニシヤ出版）

人名索引

事項索引

マナーと作法の人間学

2014年9月15日　　初 版　第1刷発行　　〔検印省略〕
定価はカバーに表示してあります。

編者©矢野 智司／発行者 下田勝司　　印刷・製本／中央精版印刷

東京都文京区向丘1-20-6　郵便振替 00110-6-37828
〒113-0023　TEL (03) 3818-5521　FAX (03) 3818-5514　発行所 株式会社 東信堂

Published by TOSHINDO PUBLISHING CO., LTD.
1-20-6, Mukougaoka, Bunkyo-ku, Tokyo, 113-0023, Japan
E-mail : tk203444@fsinet.or.jp　http://www.toshindo-pub.com

ISBN978-4-7989-1253-0 C3036 © Yano Satoji

東信堂

マナーと作法の社会学　加野芳正編著　二四〇〇円

マナーと作法の人間学　矢野智司編著　二〇〇〇円

子ども・若者の自己形成空間—教育人間学の視線から　高橋勝編著　二七〇〇円

文化変容のなかの子ども—経験・他者・関係性　高橋勝　二三〇〇円

君は自分と通話できるケータイを持っているか—「現代の諸課題と学校教育」講義　小西正雄　二〇〇〇円

教育文化人間論—知の逍遥／論の越境　小西正雄　二四〇〇円

「学校協議会」の教育効果—「開かれた学校づくり」のエスノグラフィー　平田淳　五六〇〇円

学級規模と指導方法の社会学—実態と教育効果　山崎博敏　二二〇〇円

夢追い形進路形成の功罪—高校改革の社会学　荒川葉　二八〇〇円

進路形成に対する「在り方生き方指導」の功罪—高校進路指導の社会学　望月由起　三六〇〇円

教育から職業へのトランジション—若者の就労と進路職業選択の社会学　山内乾史編著　二六〇〇円

階級・ジェンダー・再生産—現代資本主義社会の存続メカニズム　橋本健二　三二〇〇円

教育と不平等の社会理論—再生産論をこえて　小内透　三二〇〇円

〈シリーズ　日本の教育を問いなおす〉

拡大する社会格差に挑む教育　西村和雄・大森不二雄・倉元直樹・木村拓也編　二四〇〇円

混迷する評価の時代—教育評価を根底から問う　西村和雄・大森不二雄・倉元直樹・木村拓也編　二四〇〇円

教育における評価とモラル　西村和雄・戸瀬信之編　二四〇〇円

〈大転換期と教育社会構造：地域社会変革の社会論的考察〉

第1巻　教育社会史—日本とイタリアと　小林甫　七八〇〇円

第2巻　現代的教養Ⅰ—生活者生涯学習の地域的展開　小林甫　六八〇〇円

現代的教養Ⅱ—技術者生涯学習の生成と展望　小林甫　六八〇〇円

第3巻　学習力変革—地域自治と社会構築　小林甫　近刊

第4巻　社会共生力—東アジアと成人学習　小林甫　近刊

〒113-0023　東京都文京区向丘1-20-6　TEL 03-3818-5521　FAX03-3818-5514　振替 00110-6-37828
Email tk203444@fsinet.or.jp　URL:http://www.toshindo-pub.com/

※定価：表示価格（本体）＋税